Lexicon レキシコン
現代人類学

IBUNSHA

はじめに

　第二次大戦後に、日本のアカデミズムをリードしたのは政治学や経済学であった。高度経済成長期以降、新しい時代の思想が求められるようになり、哲学や社会批評も盛んになった。人文科学や社会科学が新たな課題を抱えるようになったのもこの時期である。1980年代になると、大学生や一般人にまですそ野を広げた知の運動、「ニュー・アカデミズム」が台頭する。学府のみで行われる知が大衆にまで広く届けられたのが、1980年代だったのだと言えよう。その時代、人類学は新たな関心を纏いはじめた。構造主義や記号論を咀嚼し、再構築した書き手たちによって、新たな知の時代が切り拓かれたのだ。それまで一部の好事家だけに知られていた、未知なる土地の驚くべき行動や思考を描きだす人類学が、敗戦を経て経済発展に邁進してきた日本人に、新しい知と文化の活力をもたらしたとも言えよう。

　しかし、そのような時期は、さほど長くは続かなかった。時を前後して、1978年にエドワード・サイードの『オリエンタリズム』が発表されている。西洋による東洋の一方的な表象の様式を批判的に論じたその研究は、文化表象論を方向づけ、ポストモダン人類学を生みだしただけでなく、その後のポストコロニアル人類学にも影響を与えた。自らの学問の営みを猛省し、そのことでもがき苦しむようになった人類学は、かつての輝きを急速に失い、はた目から見ると覇気のない学問に成り下がってしまったかのように思われた。

　1980年代末から1990年代にかけては、東西冷戦が終結し、政治的覇権が再編され、テロリズムが脅威となり、金融危機が不安を引き起こす一方で、インターネットを始めとする情報インフラが急速に拡大し、人類学の研究対象や方法論も大きく変わっていった。地球規模の自然環境をめぐる議論が活性化し、人文科学を席巻した「再帰性」の問いは個別の文化を超えて、科学技術や自然思想の中枢にまで及んだ。「人間の文化／社会とは何か」という古典人類学の中心的な問いは、21世紀になると「種とは何か」「世界とは何か」「自然とは何か」

という、より包括的な問いにまで拡張せざるをえなくなった。

　こうして、二つの世紀を跨いだ大きな時代的変遷をくぐり抜けた世代の人類学者たちが、今日の人類学、すなわち現代人類学の担い手となっている。前世紀末から続く長い停滞と自省の期間を経て、人類学はいま新たな使命を得て蘇り、他分野との積極的な理論的・実践的交流をもとに「現代」と再び対峙しはじめている。

　現代とは、科学技術がますます進歩し、人工知能が人間以上の能力を身につけ、人間と機械の境界が揺らぎ、地球環境を改変した唯一の生物種が人類であると認識され始めていることなどを含め、人間を取り巻く状況が現実的・理念的に大きく変わりつつある時代のことである。この時代の人類学は、かつて「文化人類学」や「自然人類学」の名の下に分散していた様々な実践知を結集し、再編を進めてきている。現代が、人間を問い直し、新たな人間像を提起することを人類学に求めているのだ。この時代に、想像しうる限りで、標的のうちにおさまる項目を集め、人類学に関心を持つあらゆる層に広くその知的成果を提供する「読む」キーワード集として編まれたのが、本書である。それらの 50 項目をどう読めばいいのか。簡単な見取り図を示しておこう。

　文化的他者との関係や調査活動の中で、自己への再帰性にこだわり続けた人類学は、2000 年前後から、人間存在の基盤を問う、より大きなスケールの課題へと回帰するようになっていった。見えてきたのは、人間の営みは自然の中でいかに位置付けられ、いかなる尺度によって理解しうるのかという、クロード・レヴィ゠ストロースが残してくれた問いの重要性である。自然と存在をめぐる問いは今日、存在論の人類学とも呼ばれ、その潮流は、「対象」や「モノ」をめぐる現代哲学の議論とも交錯しながら、その他の諸分野にも広く影響を及ぼしている。それはたんなる一過性のブームなのか、あるいは本質的な問題を孕むテーマなのか。この自然と存在をめぐる問いに関わる諸項

目が、本書の一つめの流れを成している。

　本書の二つめの流れは、再帰人類学の時代を経て、未開地に入り込んでいく冒険家たる人類学者像を脱ぎ去り、現代世界で起きている諸問題に真正面から取り組むようになった時に浮かび上がってきた、政治・経済・社会などに関わるテーマである。東西の政治体制を隔てる壁が崩れ去ってからすでに四半世紀が経過し、グローバリゼーションという言葉がすでに手垢にまみれたようにも思われるこの時代、国家や個人はいかにあるべきなのか。人類学者が観察の対象としてきた「地域」という単位は、いかなる集団的な価値を具現化しているのか。国境を越える資本・情報・物資の流れ、頻発する紛争とテロリズムの中で、主権や統治の問いはいかに再構築されるのか。以上のアクチュアルな問題系がこの流れを形成する。

　三つめの流れは、人類学内部からではなく、現代世界において近年大きな問題となりつつあるビオス（bios）とジオス（geos）の問い、そしてそれに深く関連しながら影響を拡張しつつある広義の芸術（Arts）に関する項目群である。地球規模で進行する生態学的な環境変化やバイオテクノロジーの普及により、生命や種に関する問いは前世紀とは比べられないほど大きな問題になりつつある。そして、生物としての人間の生命（ビオス）は、人間以外の生物の生息環境であり、しかも人間的尺度をはるかに超えた自然史や地質学的な場所性に関わる問題系（ジオス）と分離することができないほど深く関わりつつ、生物と非生物の関係を更新している。現代芸術は、こうした広義の人類学思考や民族誌的方法論を貪欲に摂取し、微細な問題に寄り添いながら、社会・経済・政治の動きとともに、我々の価値や倫理の体系を大きく変えつつある。

　これらの三つの流れは、別々のものとして理解されるべきではない。それらは、再帰人類学以降の人類学のうちに相互浸透し、絡まりあって、渦巻いている。本書では、加えて、こうした三つの流れの

周囲にうごめく数々のエキサイティングな知の隣接諸領域が人類学へと貫入し、人類学と協働しながら、互いに変容し、学術領域の厚みをつくりだしている事態にも注目する。哲学、言語学、民俗学、心理学、霊長類学、考古学、環境人文学などの学問領域が、それにあたるだろう。

本書を構成する 50 の項目は、執筆者に対して、共編者の方から大まかな題（問題系）を示した後に、できるだけ自由に執筆していただいた。それゆえ本書は、人類学の教科書的な項目を網羅した教養のカタログというよりは、むしろそれぞれの解説自体が一つの開かれた読み物にもなるようなテキスト集として、編まれている。それぞれの項目は、執筆担当者の研究と体験を踏まえた独自の視点や、テキストの外へと広がる鋭い切り口が見えることを重視している。

共編者は、本書を手に取った読者に、現代人類学に見られる絡まりあう流れの中にどこからでも自在に入り込み、その知的なダイナミズムを体感していただくことを期待する。しかし、それだけではなく、学問領域を横断し、相互に行き来する問題設定の中に、読者自身が参入し、次の時代に向けて新しい知を紡ぎだしてもらいたい。チャールズ・サンダース・パースは、知を記号として受け取って解釈し、新たな知の生成へとつなげてゆく知的運動を「記号過程」と呼んだ。本書もまた、それ自体が考えを促し、人類学的知の解釈項として働くような、「生きている」キーワード集として活用されることを望むものである。

最後に、本書に寄稿してくださった項目執筆者の皆様、そして本書の刊行を後押ししてくださった以文社の勝股光政社長と編集部の大野真氏の熱意と丁寧な仕事に、この場を借りて謝意を表したい。有難うございました。

奥野克巳・石倉敏明

CONTENTS

01. 再帰人類学　10

02. レヴィ゠ストロースの構造主義　14

03. 存在論をめぐる論争　18

04. パースペクティヴィズム　22

05. 今日の民族誌　26

06. 今日のブリコラージュ　30

07. 対称性人類学　34

08. アニミズム　38

09. 自然／人間　42

10. 人新世　46

11. 自然の人類学　50

12. マルチスピーシーズ民族誌　54

13. 他　性　58

14. 野生の思考とポケモン　64

15. エドゥアルド・コーンの諸自己の生態学　68

16. アナ・ツィンの民族誌　72

17. 野生生物管理と人類学　76

18. ケ　ア　80

19. 捕　食　84

20. 可食性の人類学　88

21. 生　命　92

22. 粘　菌　96

23. 地　域　100

24. 岩田慶治のアニミズム論　104

25. 現代の民俗学　108

26. 考古学と人類学　112

27.「もの」の人類学　116

28. フェティッシュ／フェティシズム　120

29. 価値と倫理　124

30. デヴィッド・グレーバーの負債論　128

31. アナキズムと贈与　132

32. 主　権　138

33. アクティヴィスト人類学　142

34. 交差する現代思想と文化人類学　148

35. 虚構と実在 152

36. シンギュラリティ 156

37. 言語の存在論 160

38. 記号論と人類学 164

39. 民族誌映画の革新 168

40. センサリーメディア 172

41. 音と身体 176

42. 芸術制作の人類学 180

43. 神話学の現在 184

44. 心理学と人類学 188

45. 暗黙知と夢 192

46. 場所と創造性 196

47. 環境人文学 200

48. 霊長類学と人類学 204

49. 複雑だった人類の進化 208

50. ホモ・サピエンス 214

写真：石倉麻夕
表紙デザイン：近藤みどり

01. 再帰人類学

キーワード：民族誌、現実、フィクション、ポストモダン、ポストコロニアル

　人類学者は、調査対象とした土地の現実の真っただ中へと長期にわたって身を投じ、そこでの生業や儀礼などに参加しながら観察を積み重ねてデータを蒐集するという、「参与＝観察」というふたつの方向に本源的には分裂している行為を無理やり統合する離れ業を引き受け、それらをなんとか成し遂げようする。異文化での現地調査を終えて帰国すると、今度は机上で、調査研究対象地で参与した現実からそれを含む観察データを取り出し、特定の主題のもとで記述と考察分析を捻りだす。そうした努力の末に、人類学者は調査地で経験し、生きられた現実を加工し、それとは別の構築物である民族誌を紡ぎだす。この過程で、調査地で経験された現実と机上で意味を与えられた民族誌という二本の火柱が人類学の内側から赤々と立ち上がる。それらの火柱を、調査地の現実とフィクションと言い換えてもよい。しかし、民族誌がフィクションであるという事実は、ブラニスラウ・マリノフスキーの近代人類学の創始以来、長らく隠蔽されてきた。

　調査地の現実とフィクションをめぐる問題は、カルロス・カスタネダの一連の著作をめぐる論争の中で顕著に示されている。カスタネダは、ヤキ・インディアンの呪術師ドン・ファンに弟子入りして修行し、師匠との対話や薬草を用いた意識変容の体験を描きだした。西洋以外の伝統的な知恵を紹介することで、「ドン・ファン・シリーズ」を送り出し、ニューエイジ運動に大きな影響を与えたのである。シリーズ本が売れるにつれて、ドン・ファンの実在性が疑問視され、すべてが架空のつくり話ではないかと懐疑の目に晒されるようになった。

　ドン・ファン・シリーズが現実に基づいた民族誌ではなく、創作なのかどうかという問題は、その後、人類学の中でより大きな問いのうねりに発展することになる。そのことを決定づけたのが、ジェイム

ズ・クリフォードとジョージ・マーカスが編集した『文化を書く』である。その本の中で彼らは、民族誌は人類学者がつくりだした創作作品にすぎないと断じたのである。フィールドワークは客観的な科学ではなく、民族誌は主観やレトリックを駆使してつくりだされたフィクションだと主張した。松田素二は、「人類学の危機と戦略的リアリズムの可能性」と題する論考の中で、その点に触れて、以下のように述べている。

> 作品の信頼性、権威、読者に対する説得力を保障するために、登場人物の類型、設定、自由間接話法、語りや対話といった戦略が自在に駆使され、民族誌という製品が作られる。それは「ライティング・ダウン」ではなく、まさしく「ライティング・アップ」されるものであった」[…] フィールドワークという営為は、科学的な枠組み内で行われる客観的なものでなく、自省的で主観的な行為であり、民族誌の真実はつねに偏っており、政治的であるとみなされた(松田 1996:25)。

そのようにして、民族誌が、詩や小説を書く営みと変わらないフィクションであることが暴かれた後に、現実をフィクションに仕立てるのではなく、現実を現実そのまま取り出すために、涙ぐましい努力にエネルギーが投じられた。いわゆる「実験的民族誌」の記述に乗り出した人類学者たちは、調査地での長々とした語りや対話を直接引用し、フィールドの人々の多数の声を書き入れて、主観的なフィールドワークに基づいたフィクションにすぎないとされた民族誌を学問の中軸に据える人類学を、客観的な科学として立ち直らせようとしたのである。

その結果、フィクションが目の敵にされ、民族誌の中に発見されたフィクションの断片が糾弾されるようになった。「彼は○○族である」とでも書くならば、それはフィクションではないのかと「粛清」する過激派まで登場した。彼らは粛清と内ゲバに暴走したフランス革命時の急進主義者になぞらえ「サン・キュロット」と呼ばれたりもした。「実際にそうなっている」という素朴な現実感覚は否定され、民族誌の中にフィクションは許されないとするサン・キュロットたちは、

ついには、現実それ自体を放棄せざるをえないという虚無主義的な思想を生みだすようになり、やがて、その思想の重みに耐えきれず崩れていった。

1980年代から90年代にかけて、人類学者は、フィールドワークと民族誌の記述という人類学の学問的営為それ自体を俎上に載せて検討することに向かい、客観主義との関係で、現地調査のあり方や文化の記述の問題点を主題化した。人類学の「ポストモダン」である。その流れを汲んで、やがて、「ポストコロニアル」の時代には、人類学の政治性を暴き立てる方向へとしだいに歩みを進めていった。このように、人類学が内向きに猛省をつづけた時代のことを、今日、「再帰人類学」の時代と呼ぶ。

人類学の調査地の現実とフィクションに関しては、長島信弘による「人類社会における『事実』とは」と題する講演（2013年）が示唆に富んでいる。長島によれば、サイエンスは現象を「反復性と一貫性」という基準によって捉えようとする一方で、社会・文化現象はそもそも反復性と一貫性に欠け、不確実性に満ちているため、言葉によっていかに捉えるのかが鍵となる。人類学は、サイエンスではなく、人の手による「アート」である。

長島は、人類学は「事実のまちがった解釈の集大成」だという。事実とは、いろいろな現象から組み立てられていて、人間がつくりだす人工物であり、それが見出されて書かれた瞬間にファクト（事実）ではなくなってしまう。

こうした議論を生んだ再帰人類学が無産的であったかというと、必ずしもそうではない。再帰人類学の時代を経て、人類学は、グローバル化がもたらす複雑化する文化状況の中で、テクノサイエンス、サイバースペース、災害復興、バイオテクノロジーなどの領域へと拡張し、アイデンティティー、公共性、科学と社会といった重要なテーマを扱うようになった。

また、再帰人類学の時代は、ゆるやかに「人類学の静かな革命」と呼ばれる今日の潮流につながっている。それは、アミリア・ヘナレ、マーティン・ホルブラードとサリ・ワステルによれば、再帰人類学を耐え忍んで、じっくりと熟成したひとつの潮流である。ブルーノ・ラトゥール、アルフレッド・ジェル、マリリン・ストラザーン、エドゥ

アルド・ヴィヴェイロス・デ・カストロ、ロイ・ワグナーらがその流れをつくっているとされる。

　人類学の静かな革命では、調査地の現実をめぐる記述がフィクションであるかどうかという次元が扱われるのではない。調査地で現実に参与するまさにその時点で、人類学者が自らの認識論を投入してきた次元が取り上げられる。調査地の現実の真っただ中に入りこんだ人類学者によって、そもそも自然と人間を切り分ける二元論思考を含む西洋の認識論が持ち込まれていたのではないかという点が疑われることになる。

　例えば、ストラザーンは、人間とモノ、主体と客体、物質と精神という旧来の二元論を退けた上で、逆に、そうした関係が生成される面に着目する。彼女は、再帰人類学の表象論を乗り越え、『文化を書く』が提起する「部分的真実」に対して、「部分的なつながり」を強調する。日常とは、身体、モノ、人間が部分的につながり、織りなす現実なのである。人間をその一部とする存在の根本様式から現実のあり方を問う流れは、今日、存在論的転回ないしは存在論の人類学と呼ばれている。（奥野克巳）

　→ 03. 存在論をめぐる論争、05. 今日の民族誌、35. 虚構と実在

春日直樹編（2011）『現実批判の人類学──新世代のエスノグラフィへ』世界思想社.
クリフォード，ジェイムズ／マーカス，ジョージ（1996）『文化を書く』春日直樹・和邇悦子・足羽與志子・橋本和也・多和田裕司・西川麦子訳，紀伊國屋書店.
ストラザーン，マリリン（2015）『部分的なつながり』大杉高司・浜田明範・田口陽子・丹羽充・里見龍樹訳，水声社.
松田素二（1996）「『人類学の危機』と戦術的リアリズムの可能性」『社会人類学年報』22:23-48, 弘文堂.
Henare, Amiria, Martin Holbraad and Sari Wastel, eds., (2007) *Thinking through Things: Theorising Artefacts Ethnographically*. Routledge.
Rabinow, Paul & George E. Marcus (2008) *Designs for an Anthropology of the Contemporary*. Duke University Press.

02. レヴィ=ストロースの構造主義

キーワード：レヴィ=ストロース、変形、文化と自然、神話のモラル

　構造主義は1960年代にフランスに端を発した思想で、瞬く間に欧米を席巻し、日本でもブームになった。その火付け役がクロード・レヴィ=ストロースである。歴史的動態や一人一人の人間の主体性が無視されていると批判されブームは過ぎ去ったが、今日では存在論的転回との関係で再び取り上げられることもある。例えば存在論的転回の旗手であるフィリップ・デスコラはレヴィ=ストロースのもとに学び、レヴィ=ストロースの「自然」の観念の再評価を試みる論文を書いている。しかしその一方で、婚姻や神話の構造分析は現実から乖離した知的な謎解きのようなものという批判も変わらず続いている。例えば菅原和孝は、「主観性の幻影から離脱することを誇る構造主義の分析とは、よくできた知的遊戯なのではないだろうか」という疑問を提示している。

　しかしこうした批判や今日の再評価も、思想としての構造主義の重要な一面を見落としているように思われる。

　レヴィ=ストロースは構造分析の重要な概念である変形（変換 transformation）を説明するとき、ダーシー・トムソンの自然種の形態の変形をわかりやすい例としてあげている。この視点は16世紀の画家アルブレヒト・デューラーにまでさかのぼる。人間の横顔を方眼紙状の座標空間のなかに描き、縦軸や横軸の単位の長さを変えたり、垂直軸の代わりに彎曲した軸を用いるなどによって得られた新しい座標空間に最初の横顔をはめ込むように移すと、最初の顔は変形して、別の新しい横顔が生成する（図参照）。神話の変形もこれと同様の仕組みによるといえる。

　人間の文化の領域に属する神話の変形を説明するとき、自然の領域に属する種（種間の横顔も生物としての形態として注目されてい

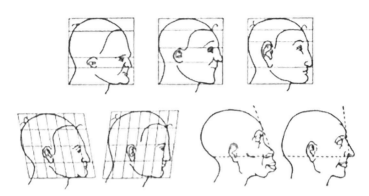

図 トムソン,ダーシー（1973）『生物のかたち』柳田友道ほか訳,東京大学出版会より

る）にレヴィ゠ストロースが言及するのは、単にわかりやすい例示のためだけではない。既に自然のなかで変形が始まっているからこそ、文化における変形が可能なのである。二項対立（二項識別、二項コード）も、すでに特定の動物の伝達方法や動物の視覚のメカニズムに見出すことができる。例えばコオロギが鳴くとき、鳴き声のリズムを逆転させることで（x,y/y,x）オスが他のオスを遠ざけるための警告や、メスへの交接の呼びかけという相反するメッセージが伝達される。また眼球は見える物体のすべてを写真のように読み取るのではなく、静止と移動、色の存在と欠如など二項対立的なデータとして処理して脳へ伝達するのである。人間の文化や知的営みの根底にあるのが言語だが、その言語に典型的な特徴とみなされる二項対立の組み合わせと操作は、既に感覚や身体というレベルでスタートしている。

それゆえ知性と感覚、精神と身体は連続的に捉えられるのであり、神話の構造分析が精神のうちで可能なのも、その規範が既に身体（自然）のうちにあるからである。

特にライフワークと言うべき主著『神話論理』の掉尾以降でこう述べるレヴィ゠ストロースの構造主義とは、それ故、人間を自然に再統合し、精神のうちで行われる知的活動がこの世のはじめから身体（感覚器官）や外界で展開されている作用と本質的に異ならないことを検証しようとするものなのである。

文化を自然に統合することでレヴィ゠ストロースが目指すのは、人間からその主体性を奪うことであるが、それは、神話を語り伝え

ことで新大陸先住民が培うモラルと同調するものである。

彼らのモラルとは「人間のまえにまず生命を、生命のまえには世界を優先し、自己を愛する以前にまず他の存在に敬意を払う必要がある」という「正しい人間主義」である。それは、世界や他者を前にしてへりくだるという「謙虚さへの教え」を説く。この教えは、世界をわれわれという存在で充満させ飽和させるのではなく、それを嫌悪し、充満しそうになると引き返そうとし、空隙や真空の余地をつくる作法を説く。「われわれ」による世界の飽和は破壊的である。なぜなら飽和は他者を受け入れる余地を認めず、かつてのナチズムのように他者を排除しようとするからである。一方引き返す作法によって、空隙や真空を他者のためにとっておくというのが、新世界先住民のモラルである。

文化も自然の一部であるなら、主体としての自己を前面に押し出さないというモラルに共鳴するというのは、たやすく理解できるはずだ。この教えは、移民や難民排斥をはじめとする他者に対する不寛容な態度が目立つ今日においても傾聴すべきものであるはずだ。

構造主義を知的遊戯だとか、主体が顧みられていないという批判は、それゆえそもそも的外れなのである。（出口顯）

→ 03. 存在論をめぐる論争、06. 今日のブリコラージュ、09. 自然／人間、43. 神話学の現在

菅原和孝（2017）『動物の境界——現象学から展成の自然誌へ』弘文堂.
出口顯（2011）『神話論理の思想——レヴィ＝ストロースとその双子たち』みすず書房.
———（2012）『レヴィ＝ストロース　まなざしの構造主義』河出ブックス
レヴィ＝ストロース, クロード（2007）『神話論理3　食卓作法の起源』渡辺公三・榎本譲・福田素子・小林真紀子訳, みすず書房.
———（2010）『神話論理4-2　裸の人2』吉田禎吾・渡辺公三・福田素子・鈴木裕之・真島一郎訳, みすず書房.
Descola, Philippe (2009) "The two natures of Lévi-Strauss," in Wiseman, Boris (ed.) *The Cambridge Companion to Lévi-Strauss*. Cambridge University Press.

03. 存在論をめぐる論争

キーワード：「自然／人間（社会・文化）」の二元論、認識論と存在論、存在論的転回、近代、植民地主義

　近代人類学のみならず、近代という考え方や制度や生き方全般が直面している植民地主義的な支配と抑圧の問題に取り組むために、「自然／人間（社会・文化）」の二元論に基づいて「唯一の「自然」に対して多様な「社会・文化」の解釈（宇宙論もしくは世界観）がある」とする近代の根底的な前提を見直し、その前提に代わる新たな枠組みを模索する人類学の動向。「存在論的転回」や「人類学の静かな革命」と呼ばれることもある。

　ブルーノ・ラトゥールに代表される科学人類学、ポール・ナダスディをはじめ、先住民の在来知を近代科学と同等のものとして復権しようとする近年の在来知研究、マリリン・ストラザーンやエドゥアルド・ヴィヴェイロス・デ・カストロに代表される「ポストプルーラル人類学」など、いくつかの系譜があるが、それらは、近代人類学の植民地主義的な支配と搾取に対するポストモダン人類学とポストコロニアル人類学の自己批判を引き受け、その支配と搾取を支えてきた近代の「自然／人間」の二元論にまで問題を掘り下げて再考する点で共通している。その再考のために、存在論や認識論をはじめとする知識は、近代の科学技術の知識であろうと在来知（先住民をはじめとする多様な人々がそれぞれの生活世界に根づいたかたちで育んでいる知識）であろうと、どんな知識であっても同等に、世界を知りつつ生成・維持する物質＝記号的な実践の過程のなかに位置づけられる。

　存在論とは、私たち自身も含む世界はどのようなものなのかという存在の論理を問う知識であり、認識論とは、私たちはその世界をどのように知るのかという認識の論理を問う知識である。世界とはこういうものだという存在論は、世界がどのように知られるのかという認識論を方向づけると同時に、その認識論によって影響を受けるという

かたちで、これら存在論と認識論は相互に相互の前提となる関係にあり、両者を切り離して論じることはできない。しかし、近代の「自然／人間」の二元論に基づく学問の分業体制に従って、近代人類学の研究対象は存在論から切り離された認識論に限定されてしまっていた。

近代の学問の分業体制では、人類の生物学的な要素を含めた「自然」がどのようなものかという存在論は自然科学によって担われるため、「人間」の社会・文化の研究の一翼を担う近代人類学は、自然科学が明らかにする、あるがままの「自然」の存在の論理を前提に、その「自然」を「人間」がいかに知るのかという認識論から出発することになる。その際、「人間」のなかに、自然科学の存在論と異なる存在の論理を示す人々がいれば、その人々の存在論は社会・文化的なバイアスによってあるがままの「自然」の論理がねじ曲げられた結果として認識論的に説明される。そのうえで、「人間」による「自然」の解釈はもちろんのこと、その利用や改変は自然科学が明らかにする存在の論理を変えることなく、あくまでその論理の枠内で行われるという前提のもとに、「人間」が「自然」を社会・文化的にいかに解釈したり利用したり改変したりするかが研究される。

その結果、近代人類学の研究が進めば進むほど、唯一自然科学が明らかにする「自然」の論理だけが社会・文化に汚染されていないあるがままの唯一の「自然」の論理、つまり唯一の真なる存在論として正当化されてゆくことになる。自然科学の存在論と食い違う存在論を示す人々がいたとしても、その存在論は自然科学の存在論からの社会・文化による逸脱として説明されてしまうからである。また、人類学の研究対象となる人々は自然科学の存在論の枠内でただ単に「自然」を解釈したり利用したり改変したりしているにすぎないことになり、その人々の実践の妥当性は自然科学の存在論を唯一の尺度に計られるようになる。こうして近代人類学は、「唯一の「自然」に対して多様な「社会・文化」の解釈（宇宙論もしくは世界観）がある」とする社会・文化相対主義という名のもとで、唯一の「自然」の真なる存在論を明らかにする自然科学の担い手に、その「自然」を社会・文化的に解釈しているにすぎない、それ以外の人々を知的に支配して植民地主義的に管理・搾取する正当な根拠を与えることになる。

こうした近代人類学の植民地主義的な支配や管理や搾取の正当化は、自然科学の真なる存在論を唯一の尺度にそれ以外の人々の存在論

をその尺度からの社会・文化による逸脱として一方的に認識論的に説明するという近代人類学の前提に起因しているため、この支配や管理や搾取に対する自己批判を行ったポストモダン人類学やポストコロニアル人類学のように、対象社会の人々の声を取り入れるかたちに民族誌の書き方を改めたり、分析の対象に権力関係のなかでの社会・文化の生成過程を組み込んだりしても、その前提が改められない限り、解消されることはない。その解消のためには、対象社会の人々の存在論を自然科学の存在論と対等な存在論と認め、自然科学を含むそれらの存在論がどのような認識論との相互関係のなかで成立するかを考えることで、自然科学の存在論を相対化しつつ、それ以外の人々の存在論を復権せねばならない。存在論をめぐる論争で他者の存在論を「真剣に受け取る」(taking seriously) ことが提唱されるのは、このためである。

　こうした人類学の動向では、「自然／人間」の二元論に支えられている自然科学の存在論も人文・社会科学の認識論も、先住民を含めた他の人々の存在論と認識論と同等に扱われることで相対化される。そのうえで、近代の二元論に基づく存在論と認識論を含め、多様な存在論と認識論は、人々が人間と非人間（動植物やモノ）との関係を編み上げながら意味に溢れた物質的な世界を生成・維持する物質＝記号的な実践の過程のなかに位置づけられる。この結果として、人類学の研究の焦点は、自然科学の存在論から逸脱している多様な人々の存在論を社会・文化によって説明する認識論から、多様な世界が生成される物質＝記号的な実践の過程の存在論的な分析に移ることになる。この動向が「存在論的転回」と呼ばれる所以がここにある。

　ただし、その分析にあたって、多様な世界が生成される物質＝記号的な実践の過程を超越論的な視点から客体化してしまえば、近代で生成・維持される世界を含め、あらゆる世界を人類学が裁定することになってしまい、近代人類学による支配と管理と搾取が推しすすめられることになってしまう。そのため、この動向では、人々の多様な物質＝記号的な世界の生成・維持をいかに内在的な視点から分析して描き出すかが重要な課題となる。そのための方法として提唱されているのが、科学者の行為に「付き従う」(follow) というラトゥールの方法をはじめ、ストラザーンの「部分的なつながり」(partial connection) による比較などである。また、人々によって生成・維持

される世界を境界づけられた世界としてあらかじめ想定し、それら諸世界の間の関係を考えるのではなく、諸世界が生成・維持される動的な過程からそれらの関係を考えるための方法も求められる。これに加えて、そうした諸世界を人々が自らの身体を媒介にいかに繋いでいるのか、そして、そうした身体を通した部分的な繋がりの中で諸世界がそれぞれの世界の特異性を保ちながらいかに変異してゆくのか、その多彩なあり方を明らかにしてゆく必要もあろう。さらに、そうした分析と記述の方法論をめぐる課題の先には、多様な諸世界の間の関係を内在的に調整し、それら諸世界の共在を可能にするための方法を模索する政治的な試みをはじめ、現在の世界に潜在している生成可能ないくつもの現実を内在的視点から浮かび上がらせるような民族誌を書く現実批判の試みなど、人類学が今後取り組むべき課題が控えている。
（大村敬一）

> →01. 再帰人類学、07. 対称性人類学、09. 自然／人間、17. 野生生物管理と人類学、34. 交差する現代思想と文化人類学、37. 言語の存在論

ヴィヴェイロス・デ・カストロ，エドゥアルド（2015）『食人の形而上学：ポスト構造主義的人類学への道』檜垣立哉・山崎吾郎訳，洛北出版.

大村敬一（2013）『カナダ・イヌイトの民族誌：日常的実践のダイナミクス』大阪大学出版会.

春日直樹編（2011）『現実批判の人類学――新世代のエスノグラフィへ』世界思想社.

久保明教（2016）「方法論的独我論の現在：非定型の関係論にむけて」『現代思想』44 (5): 190-201.

ストラザーン，マリリン（2015）『部分的つながり』大杉高司・浜田明範・田口陽子・丹羽充・里見龍樹訳，水声社.

森田敦郎（2016）「世界はどのようにできているのか」『人類文化の現在：人類学研究』内堀基光・山本真鳥編，放送大学教育振興会.

ラトゥール，ブルーノ（1999）『科学が作られているとき――人類学的考察』川崎勝・高田紀代志訳，産業図書.

04. パースペクティヴィズム

キーワード：多自然主義、取り違え、批判、差異、ヴィヴェイロス・デ・カストロ

　パースペクティヴィズムを、道徳批判として展開したのはフリードリヒ・ニーチェである。客観的とされる認識よりも特異性のある解釈であるパースペクティヴを肯定し、それらに超越するひとつの真理を措定しないことによって、道徳批判を展開するための概念が、パースペクティヴィズムである。この概念が現代人類学のキーワードとなるきっかけは、エドゥアルド・ヴィヴェイロス・デ・カストロによる議論であろう。もっともパースペクティヴィズムそのものは、常に先住民的なものとは限らない。この点を踏まえ、まずは「アメリカ大陸先住民のパースペクティヴィズム」を取り上げよう。

　そのパースペクティヴィズムが作動する世界に住む多様な存在は、主体として行動するとき、自らを人間と見なす。動物にも人間性が備わっていると理解できるこの表現は、しかし、動物と人間の差異が消失した世界を前提にしているのではない。それぞれの存在が自らを人間、すなわち文化的存在と見なす状況では、ほかの種は人間としてはそこにいない。人間に害を及ぼしかねないジャガー、あるいは、精霊のパースペクティヴでは、彼らが人間であるがゆえに人間は獲物として存在する。動物が人間でもありうるということは、パースペクティヴの主体になる潜在性を持つということを意味しているのである。そして、その状況下で人間という立場を占める存在から展開するパースペクティヴが、その状況を条件づけている。

　異なる種の対象化を条件づける主体のパースペクティヴは、身体に根ざしている。そして、世界にいる存在のあいだの差異は、何よりも身体的な差異であるために、パースペクティヴの多様性が生じることになる。もっともその身体とは、特色ある行動を可能にする「力能や情態の束」と考えられる身体のことである。主体として世界を見

る見方は常に人間的であるために、ひとつである。しかしパースペクティヴの源となる身体は多様である。こうして同じ人間的なパースペクティヴのなかで同じかたちをとるものは、異なっているという事態が生じる可能性が宿る。つまり、ジャガーも人間も自らを魅了する飲み物をマニオク酒と見る。だが、それぞれがマニオク酒だと見ている対象は同じ物体ではない。

　パースペクティヴィズムがこのように作動する世界では、他の存在のパースペクティヴから構成される世界が、自らのパースペクティヴから構成される世界に潜在的なものとして内在する。先住民たちも異なるパースペクティヴを指定できる、つまり比べることができるために、他なる世界が潜むことを知っている。こうしてひとつの物体は、血とマニオク酒のいずれにもなる多様体として想定される。主体としての見方はひとつであるが、そのひとつの見方から展開される世界は多数になる。ヴィヴェイロス・デ・カストロは、このようにパースペクティヴィズムが働くアメリカ大陸先住民の世界を「多自然主義」と呼んだ。ちょうど、「ひとつの世界に対する多数の見方」として定式される多文化主義を反転させたかたちになるからである。

　ヴィヴェイロス・デ・カストロは、民族誌的事象を抽象化し、アメリカ大陸先住民のパースペクティヴィズムや多自然主義といった概念を形成した。ではそれは人類学の議論でどう活用されているのだろうか。ここではふたつの動向をとりあげたい。ひとつは民族誌的事象に対する分析概念としてそれを用いるものである。ときにはアマゾニアから離れた場所での事例にも適応されるなかで、その概念は枝分かれするようになっている。もうひとつは、人類学の方法論としての展開である。

　ヴィヴェイロス・デ・カストロによるアメリカ大陸先住民のパースペクティヴィズムの議論では、捕食関係が重視される。パースペクティヴの差異は、典型的な捕食者としてのジャガーや獲物としてのバク・ペッカリーのあいだの捕食関係を軸に、説明される。この議論を民族誌的事実に応じて変形させ用いているのが、エドゥアルド・コーンによる民族誌である。コーンは、アリクイという捕食者ではない動物のパースペクティヴにも注目し、アメリカ大陸先住民のパースペクティヴィズムは必ずしも捕食関係には還元できないこと、捕食関係も誘惑という別の関係に結びつくことなどを描き出している（コーン 2016）。

　コーンは、南米のアマゾニア地域におけるパースペクティヴィズム

の幅を広げる事例を示しているのに対して、レーン・ウィラースレフは、シベリア地方のユカギールの事例から、パースペクティヴィズムの概念を検討している。ウィラースレフも、狩猟活動にみられる人間と動物の間の「部分的」な類似性を記述できる点で、ヴィヴェイロス・デ・カストロのパースペクティヴィズム論に一定の評価をしている。例えば罠猟を実践するには、動物のパースペクティヴを理解しつつも、それに完全に一致しないパースペクティヴが保持できなければ、動物をしとめることはできない。またウィラースレフは、身振りなどの具体的・身体的な水準における動物－人間の駆け引きを描くために、模倣や誘惑などの概念とパースペクティヴを結びつけている（Willersrev 2007）。

　一方ヴィヴェイロス・デ・カストロは、アマゾニアのパースペクティヴィズムから、人類学における比較に関する方法を導き出している。すなわち、アマゾニアにおける際の考え方を人類学的思考に結びつけるよう試みたのである。「パースペクティヴ的人類学」と呼んだその考え方の中心にあるのは、「制御された取り違え」（controlled equivocation）としての比較方法である。取り違えは「一つの意味と多数の指示対象」がある状態に生じる。同じ語が別の項を指すために生じる食い違いである。先のパースペクティヴィズムの議論で言えば、好ましい飲み物を意味する「マニオク酒」には、ふたつの指示対象——マニオク酒と獲物の血——があるのだが、その多元性は、身体に根ざしたパースペクティヴの多元性ゆえのことである。異なるパースペクティヴのあいだに生じるものとしての取り違えは、ひとつの真理を前提とする誤りとは異なるものとして理解しなければならない。そして人類学者が直面する即座に理解できない状況や語のうちに「取り違え」を受け止めることができれば、ふたつのパースペクティヴが、差異として関係づけられるようになる。もっともその関係づけは、民族誌を読むことと調査を通して対象を知ることで、「制御」されなければならない。こうした差異を関係づける比較を通して批判を展開することがこの方法の意義である。「常識が共有物などではない」という理解を前提にかたちづくられるのが、人類学的思考であるとヴィヴェイロス・デ・カストロは言う。

　さてヴィヴェイロス・デ・カストロがアマゾニア／アメリカ大陸先住民を参照しながら積極的に取り入れたパースペクティヴィズムという語は、「他性」の議論と深く結びついている。そのためか、とき

に、アメリカ大陸先住民の宇宙論のことだと理解されるところがある。この議論から意識的に距離をとり、アマゾニア民族誌学とは無縁の文脈で、パースペクティヴィズムを民族誌的記述に活用する可能性を示したのがディディエ・ファサンである。2005 年のフランス・パリ郊外暴動の数ヵ月前に警察のパトロール活動の調査を行なっていたファサンは、その時期に生じた警察と若者の間の暴行事件を論じるためにパースペクティヴィズムを用いたのだった。

事実確定が不可能になるほど警察と若者のあいだで対立する見解を前に、ひとつの真理に向かわずに、多数のパースペクティヴとそれらが展開する基礎にある文脈を描き出すことの意義を、ファサンは実践を通して示している。そこでなされているのは、その出来事の真実が立ち上がることに抗することだけではない。ファサンはさらに、多様なパースペクティヴの記述を通して、道徳批判に結びつけている。先のふたつのパースペクティヴのみならず、対立状況をそのままにする不在のパースペクティヴ——市民の無関心——の存在を指摘したのである。出来事をめぐる多様なパースペクティヴの配置をこのように描く試みは、パリ郊外の暴動の前兆であったかもしれない出来事を反省に結び付けられなかったことへの反省として理解できよう。

現代人類学において、ひとつに収束しえない世界を描く試みを通して批判の力を展開する方法が、パースペクティヴィズムという概念を通して探求されているといえるかもしれない。(近藤宏)

→ 15. エドゥアルド・コーンの諸自己の生態学、19. 捕食、34. 交差する現代思想と文化人類学

コーン,エドゥアルド (2016)『森は考える——人間的なるものを超えた人類学』奥野克巳・近藤宏監訳,近藤祉秋・二文字屋脩共訳,亜紀書房.

Fassin, Didier (2013) *Scenes from urban life: a modest proposal for a critical perspectivist approach*. Social Anthropology 21(3): 371-377, 92.

Viveiros de Castro, Eduardo (2016) *The Relative Native: Essays on Indigenous Conceptual Worlds*. HAU Books.

Willersrev Rane (2007) *Soul Hunters: Hunting, Animsm and Personhood among the Siberian Yukaghirs*. University of Calfornia Press.(邦訳は、レーン・ウィラースレフ『ソウル・ハンターズ:アニミズムとシャーマニズムの人類学』奥野克巳・近藤祉秋・古川不可知訳,亜紀書房,2018 年近刊予定.)

05. 今日の民族誌

キーワード：ホーム／フィールド、表象、人間／非人間、多自然主義、ビジネス・エスノグラフィ

　A「博士課程のフィールドワークでは、どこに行く予定ですか？」
　B「私はアマゾン先住民のところに行きたかったんですが、なかなか遠いし、今は、モンゴルのトナカイ牧畜民のところに行くつもりです」
　A「なぜ、そんなに辺境にばかり行きたいんですか？」
　B「アマゾンとモンゴルって言うと、全然、共通性がないように見えるかもしれないけれど、私は人と自然の関係とかシャーマニズムとかに興味があるんです」
　A「そんなに遠くに行かなくたって、日本の科学者だって、『シャーマン』ですよ！」
　B「……」

　これは、私の友人であるBが2017年初頭に知人のAと交わした会話を、彼女の回想を頼りに再現したものである。なお、AとBは、関西地方にある同じ大学の同じ研究室に属する若手研究者である。
　現代の人類学はいわゆる「伝統社会」の異文化に関する研究と並行して、科学者や生物医療の医師など、いわゆる「現代」的な領域も研究の射程に含み込むようになってきた。大雑把に言えば、冒頭のBは前者、Aは後者の流れに与していると言える。従来的な人類学にとって、研究室や自宅がある（多くの場合、先進国の都市部の）「ホーム」と「フィールド」の距離は離れていたが、今では必ずしもそうではない。この点を踏まえて、再帰人類学が盛んになった1980年代以降、「ホームでの人類学」という動きが生じてきた。これは、「フィールド」で出会う異文化を「ホーム」の読者が理解できるように翻訳す

るのではなく、みずからにとって自明な「ホーム」を「フィールド」として人類学的に見るための目を養うことであると言える。

　「ホーム」の民族誌は、ときに「ほとんどホーム」（"nearly home"）の民族誌でもある。ノルウェーのサケ養殖を調査したマリアンヌ・リーンは、民族誌を書く際、あえて文化的差異を議論の中心としなかったと語る（Lien 2015:20）。リーンが調査したのは、ノルウェー西部のハダンゲル地方であり、オスロに住む彼女にとって、この場所はエキゾチックとは言えないまでも「フィールド」であり得た。彼女は、ハダンゲル地方の漁民の生活世界を議論の主軸に据えるかわりに、グローバルな流通ネットワークの最中にあるサケ養殖をめぐる作業者とサケの関係に焦点を当てている。「文化」は常にスケール（縮尺・尺度）の問題であり、見つけようと思えば至るところに見いだすことができる。その意味では、東京でも大阪でも、「未発見」の「トライブ」に出会うことはできるのかもしれない。

　しかし、リーンの事例からわかるように、民族誌家は、新しい人間たちの「トライブ」をリストに加えるだけでは飽き足らず、今や人間ならざるものたちの「トライブ」にも遭遇している。アマゾン、南北アメリカ、北モンゴルなどの「フィールド」を調査する者たちも、「ホーム」で人類学する者たちも、動物、植物、微生物、精霊、機械、人など様々な諸存在が絡まり合って作り出す世界を描くことに関心を向けるようになった。このような動きを「マルチスピーシーズ民族誌」（カークセイとヘルムライヒ 2017）と呼ぶ。

　しかし、マルチスピーシーズ民族誌は、これまでの民族誌と何が違うのだろうか。生態人類学でも象徴人類学でも、これまで散々に動植物の分類や利用を研究してきたのではなかっただろうか。分類学の単位としての tribe（族・連）は、科の下、属の上に置かれる場合があるが、今度は機械や精霊の「トライブ」も「存在の大いなる連鎖」のなかに組み込んでしまおうという魂胆なのか。否、ひとつの大きな違いは、「人間」へのまなざしである。マルチスピーシーズ民族誌において、「人間」は限りなくはかない。

　シベリアの狩猟民であるユカギールの猟師は、夢のなかで獲物の主と（性）交渉して、豊猟を期待するが、彼の目論みは数々の危険にさらされている。彼の影／魂であるアイビの機嫌を損ねると、突然手足の自由を奪って、エルクに忍び寄る猟師をつまずかせるかもしれな

い。エルク革のコートを着込んだ老猟師は、エルクをおびきよせるためにその動きを巧妙にまねる。そのとき、ユカギールはみずからを「動物ではないが、動物ではなくもない」ものとして経験する。獲物の主＝エルクが昨晩の悦楽の続きを求めて猟師に近づくとき、猟師はエルク女の誘いを聞く。彼女の声に耳を傾けてしまうことは、猟師にとって死を意味する。「我」は誰／何か？　森から戻って来るとき、彼は人語を使って語りを続けることで、みずからの人間性を保ち続けなければならない（Willerslev 2007）。

　ユカギールの狩猟にまつわるこの民族誌を書いたレーン・ウィラースレフは、ポストモダン人類学と現象学を経由して、「人間＝猟師＝男性」が「動物＝獲物＝女性」を「食う」という、古典的な象徴人類学の前提を現代に蘇らせたとも言えるかもしれない。そこには「狩りガール」も「ベジタリアン」もいない。ウィラースレフ自身、ユカギールの女性に関する記述が不十分であることを認めているように、彼の時代錯誤にも思われるマッチョさを批判するのはたやすい。だが、彼が描くユカギールの「人間＝男性＝猟師」はあくまでも常に自己懐疑と分裂のさなかにある。人間性はすでにそうあるものなのではなく、不断の実践によってのみ維持することができるパースペクティヴであるのだ。

　マルチスピーシーズ民族誌は、ポストモダン人類学への応答としても構想することができる。マルチスピーシーズ民族誌は、人間界から他種の世界へとスケールを広げることにより、人類学の危機を乗り越えようとした。換言すれば、マルチスピーシーズ研究は、人間社会の内部に留まるモノスピーシーズ（単一種）人類学ではなく、その外側に広がる世界との関わりを主軸に置きながら、外側の視点から「人間」を考えることを目指している。だが、やはりここにも「表象」の問題は忍び込む。人新世におけるマジョリティ種であるヒトが今やマイノリティとなった他種（絶滅危惧種）を記録し、代弁することの是非である。実際にマルチスピーシーズ民族誌への批判者は、人新世という黙示録的な時代を前にして、この民族誌的アプローチが現実逃避的な「希望」を語るのみであるので、むしろ「マルチスピーシーズ神話学」と呼ぶべきであると揶揄している（Watson 2016）。

　ポストモダン人類学が力を得てから30年ほどが経過しようとしているが、表象の問題はまだ継続審議中であると言えよう。今回、紹

介することはできなかったが、ポストモダン人類学への応答としては、マリリン・ストラザーン（2015）もよく知られている。ウィラースレフが批判的に継承するエドゥアルド・ヴィヴェイロス・デ・カストロ（Viveiros de Castro 1998）の「多自然主義」も、ポストモダン人類学が前提とする「多文化主義」の相対化を目指したものとして理解することができるだろう。ジェイムズ・クリフォードとジョージ・マーカスの編集による『文化を書く』がもたらしたショックの後、人類学者は今もみずからの民族誌を通して、ポストモダン人類学が残した課題と格闘している。

　本稿では文化人類学内部での動向を紹介したが、近年、民族誌という手法は、文化人類学だけにとどまらず、ビジネスや経営学、防災といった分野にまで広がってきた。今日の民族誌を取り巻く状況は、100年前とは大きく異なっている。それでは、次の100年はどうであろうか？（近藤祉秋）

　　→ 01. 再帰人類学、10. 人新世、12. マルチスピーシーズ民族誌、
　　　16. アナ・ツィンの民族誌

カークセイ，S・E ＋ヘルムライヒ，S（2017）「複数種の民族誌の創発」近藤祉秋訳『現代思想』45(4): 96-127. 青土社.

クリフォード，ジェイムズ／マーカス，ジョージ編（1996）『文化を書く』春日直樹・和邇悦子・足羽與志子・橋本和也・多和田裕司・西川麦子訳，紀伊國屋書店.

ストラザーン，マリリン（2015）『部分的つながり』大杉高志・浜田明範・田口陽子・里見龍樹訳，水声社.

Lien, Marianne Elisabeth (2015) *Becoming Salmon: Aquaculture and the Domestication of a Fish.* University of California Press.

Viveiros de Castro, Eduardo (1998) "Cosmological Deixis and Amerindian Perspectivism," *The Journal of Royal Anthropological Institute* 4(3): 469-488.

Watson, Matthew C. (2016) "On Multispecies Mythology: A Critique of Animal Anthropology," *Theory, Culture and Society* 33(5): 59-172.

Willerslev, Rane (2007) *Soul Hunters: Hunting, Animism and Personhood among the Siberian Yukaghirs.* University of California Press.（邦訳は、レーン・ウィラースレフ『ソウル・ハンターズ：アニミズムとシャーマニズムの人類学』奥野克巳・近藤祉秋・古川不可知訳，亜紀書房，2018 年近刊予定.）

06. 今日のブリコラージュ

キーワード：アフォーダンス、分子生物学、具体の科学、進化、レヴィ＝ストロース

　ブリコラージュ（bricolage）は、フランスの人類学者クロード・レヴィ＝ストロースの著書『野生の思考』で有名になった言葉である。ブリコラージュは、辞書でひくと①素人仕事、大工仕事、②やっつけ仕事、③手間仕事とあるように、「あらゆる種類の手間仕事をして生計を立てること、応急につくりかえたり、修繕したりすること」である。ブリコレ（bricoler）という動詞は、古くは、球技や馬術に用いられ、ボールがはねかえるとか馬が障害物をさけて直線からそれるというような、非本来的な偶発運動を指した。これらをまとめるとブリコラージュとは、ありあわせの道具材料を用いて、その場その場で本来予定されていなかったものを偶然生み出すことをさす。

　レヴィ＝ストロースは『野生の思考』の中で、かつて野蛮人とか未開民族と呼ばれた非西洋の先住民が動植物や自然に対して示す思考様式を、具体の科学と呼んだ。その特徴がいわゆる近代科学を支える思考と異なることを示すため、彼はブリコラージュに喩えた。

　ブリコラージュする人がブリコルール（bricoleur）である。彼は、多種多様な仕事をすることができる。しかしながら、エンジニアとはちがって、仕事の一つ一つについてその計画に即して考案され購入された材料や器具がなければ手が下せぬというようなことはない。彼はそのときそのときの限られた道具と材料の集合で何とかしなくてはならないし、しかも、もちあわせの道具や材料は雑多でまとまりがない。なぜなら「もちあわせ」あるいは「ありあわせ」とは、いかなる計画にも無関係に偶然の結果手元に届いたものだからである。したがって器用人（ブリコルール）の使うものの集合は、ある一つの計画によって定義されるものではない。

　ブリコルールの用いる資材集合は、単に資材性あるいは道具とし

て役に立つという潜在的有用性によってのみ規定される。ブリコルールは、資材性つまり「まだ何かの役に立つ」という潜在的有用性を「もの」の中に見出すのだが、それは、「もの」（素材）が、明確に限定された用途のためにとっておかれたのではなく、同じようにとっておかれた他の「もの」や周囲の環境との具体的な関係の中で、あらたな役割が発見されるということである。そしてあらたな役割が見出されるためには、細かな点に至るまで「もの」の特徴に気づいていることが大切である。それを可能にするのが、ブリコルールのあくなき知的探究心である。それが具体の科学、野生の思考の特徴なのである。

ここで、これまでの人類学が見落としがちだったが、注意しなくてはならない点が二つある。第一に、ブリコルールは主体性を発揮してはいないこと、第二に、ブリコラージュは、人間的営みに限定されているわけではなく、既に生物の進化のなかに見出されていることである。

ブリコラージュは、利用する物・資材を点検し、それまでとは異なる有用性を見出し転用することである。それは物や資材がそれまでとは異なる相貌をあらわすよう働きかけることであり、そこには、物や資材との間に意識されざる「駆け引き」が試みられている。駆け引きはブリコルールの意のままになるとは限らない。したがって、自分たちの利益にかなうよう、自分たちの都合のよいように、社会の中の支配的要素を配列し直しあらたな意味をそれらに賦与しようとする主体がブリコルールの本質だとは言えないのである。

しかし人間の精神における知的探究心によるもののみがブリコラージュではない。そもそも生命の進化とはブリコラージュだと説くのが、フランスの分子生物学者フランソワ・ジャコブである。例えば、陸上の脊椎動物の肺形成は、よどんだ水たまりに棲息する淡水魚からはじまった。魚は空気を飲み込んだとき食道の壁を通じて酸素を吸収する。その状況下で食道の表面積を拡大することが淘汰に際して優位をもたらすことになった。かくして食道に憩室が現れ肺となるまでに拡大した。「食道の一部から肺を作り出すのは、祖母より譲り受けたカーテンの切れ端からスカートを作るのと非常によく似ている」とジャコブは言う。進化は、何百万年もの間、少しずつこっちを付け加え、あっちを切り取り、そっちを伸ばしというふうに、あらゆる変形と創造の機会を捉えて、その産物を改良してきた。

生物のDNA配列を比較すると、同じ種だけでなく系統的に大きく異なった種にも遺伝情報のかなりの部分に似通った配列が見られる。それはあたかもアデニン（A）、グアニン（G）、シトシン（C）、チミン（T）という塩基の配列とリン酸とデオキシリボースからつくられたバックボーンからなるDNAの断片をなおくりかえし使用し、とりかえひきかえしてくっつけたり置き換えたりすることで形成されているかのようである。A,G,C,Tはいつまでも「まだ使える」のであり、その組み合わせで生物は少しずつやりくりしながら、発展していく。進化とは、その時の手持ちの材料でやりくりしてできるかぎりのことをするブリコラージュだったのである。

　ブリコラージュを人間に特権的な現象と考えてはならない。進化という枠組みで考えると、生態心理学者のジェームズ・ギブソンが提唱したアフォーダンスもブリコラージュとして捉えることができる。アフォーダンスとは、われわれを取り囲んでいるところに潜んでいる意味であり、人間が考え出した意味ではなく、個体を超えて環境に実在している潜在的意味であるといえる。個体はそれを環境に見出していくのであり、動物の個体の群れの生の活動を支える資源になる。しかし環境やそこに存在する対象のアフォーダンスはいつも同じ意味を持つのではない。状況に応じて変化する。下肢切断した人がリハビリのためにプールに入ると、しばらく水の中にいることで、背骨を軸にしてくねくねした横揺れが全身に起こってくる。それは、下脚を失った全身が、水に新しい「身体を移動させる性質」を発見したことを示している。下肢切断の身体は、今までとは異なる水の性質と組織化して水の中を移動し始めるのである。

　あるいは適当な長さと重さを持った棒状の細長い物質があり、振り回すために用いることができるとする。しかしこのような物質は打ったり叩いたりするのに用いることができる、さらには遠くの物を近くに引き寄せるのにも用いることができる。野球のバットとしてだけでなく、物質と人が置かれた状況や環境に即して、棍棒や槌、熊手の一種として応用するのがアフォーダンスと言えるなら、それはそのままブリコラージュでもある。

　このように、対象の潜在的意味を発見し、その場その場でなんとかやっていこうとするブリコラージュという野生の思考の特徴は、環境と個体との関わりの組み替えとして捉える必要がある。（出口顯）

→ 02. レヴィ=ストロースの構造主義、11. 自然の人類学、14. 野生の思考とポケモン

ジャコブ, フランソワ (1994)『可能世界と現実世界――進化論をめぐって』田村俊秀・安田純一訳, みすず書房.
佐々木正人・松野孝一郎・三嶋博之 (1997)『アフォーダンス』青土社.
出口顯 (2017)「ブリコラージュ、進化、メーティス」『現代思想』45(4):151-169, 青土社.
レヴィ=ストロース, クロード (1976)『野生の思考』大橋保夫訳, みすず書房.

07. 対称性人類学

キーワード：科学人類学、対称性、非近代、複論理、モノ

　人類学者ブリュノ・ラトゥールが20世紀後半から行ってきた大きな仕事の一つに、「対称性」という概念を導入した一連の研究がある。1970年代後半、スティーヴ・ウールガーと共に科学実験室における民族誌学的研究を進めたラトゥールは、実験室の中で研究者が行なっているさまざまな実践を観察し、実験や計算の方法、データを可視化するための技術、資金調達法、研究者同士の連携、論文の引用や議論の構築といった個々の活動の中に、科学という営みを支える複数の水準があることを発見した。「リフレクシブ・エスノグラフィー（再帰的民族誌）」と名付けられたこの研究手法は、観察者と被観察者をめぐる権力関係ばかりでなく、双方が関わるモノ（非人間）の世界への関心によって、人類学と哲学をつなぐ重要な足掛りとなった。その功績の一つは「虚偽は社会によって説明されるが、真実は自然によって説明される」という、科学における非対称な説明原理を乗り越える必要性を鮮烈に示したことにある。

　ラトゥールはさらに、高度な科学技術を自らの基盤とする現代社会が、どのように社会的な世界の彼岸にあるモノを動員し、産業化された世界に自明のインフラストラクチャーを構築するか、という問題の分析を試みている。ラトゥールによれば、「近代」は単なる時代区分ではなく、科学技術を基盤とする社会と、そうでない社会（「前近代社会」）を分離する非対称な制度である。この制度を受け入れる近代主義者は、科学技術の基盤を持つ文明だけが、客観的に存在する自然にアクセスすることができる、と考える。だが、その態度は、主体と客体を分離する制度を持たない諸社会（＝「前近代社会」）との間に、決定的な断絶をもたらす。「近代」という制度は「純化」という認識論的な操作によって、一方では自由な人間同士が構築する社会の領域を、他方では人間の作為から完全に切り離された自然の領域を生

み出そうとする。しかし、現実にはモノを抜きに社会や文化を構築することは不可能であり、自然界の摂理を人間から切り離して「純化」しようとすればするほど、実際には両者を連結しようとする人間の「媒介」や「翻訳」の営みが強化されることを、ラトゥールは説得的に示している。

「純化」によって自然と社会を切り分けようとすればするほど、実際には両者は混ぜ合わされ、ミシェル・セールが「準-客体」と呼んだハイブリッドな現実を増殖させることになる。なぜなら「近代」という制度は、あくまでも認識論的な体制に過ぎず、実際には非人間を「愚鈍なモノ自体」として完全に客体化することも、人間を「自然を支配する主体」として位置付けることにも失敗してきたからだ。ラトゥールによれば、「存在論」の次元は常に自然と社会という二つの極の中間にあり、従って人間以外の生物やモノの領域にも配分されている。とすれば、人間と非人間が同様に行為主体と見なされ、ともに「準-客体」の構成要素に位置付けられる次元から、非対称性を乗り越える新たな比較人類学が構築されなければならない。

ラトゥールはこうして、「近代」という概念自体に含まれる擬制的な非対称関係を克服し、この制度の外部に広がる「非近代」の次元から、人間と非人間を対称的に扱う理論(アクター・ネットワーク理論)を提唱する。この新しい人類学の構想は、ラトゥール自身によって「対称性人類学」と名付けられたのである(ラトゥール 2007、2008)。

「近代」という概念を相対化することによって、ラトゥールは前近代-近代-ポスト近代という単線的な歴史の幻影を払拭し、「非近代」の次元から、ある特定の社会が現実の媒介作用を無視して自然と存在を占有することの不可能性を主張した。この主張はフィリップ・デスコラやエドゥアルド・ヴィヴェイロス・デ・カストロ、ダナ・ハラウェイをはじめ、多くの理論家に共有され、のちに「存在論の人類学」の台頭を促がす動因となった。

他方、哲学的な存在論と人類学を架橋するラトゥールの理論は、1990年代後半まで、日本の人類学者たちにはほとんど注目されてこなかったといえよう。1990年代の段階では、日本でラトゥールの理論が参照されるのは、科学技術と社会をめぐる限られた領域に過ぎなかった。2001年に刊行された中沢新一による『フィロソフィア・ヤ

ポニカ』は、こうした日本の停滞状況を突破する狼煙となった。中沢は本書で、日本哲学の草創期に活躍した西田幾多郎の「場所の論理」と田邊元の「種の論理」が互いに拮抗し、深まりを見せる中で、やがて「絶対無」という概念を媒介として新たな「非モダンの哲学」に逢着する様子を、ラトゥールの議論を援用しながらスリリングに描き出している。

その後、対称性概念をめぐる中沢の理論的探究は、さらなる展開を見せる。それは、人類の心の構造を「対称性論理」と「非対称性論理」による「複論理（bi-logic）」の様態として読み解く精神科医イグナシオ・マッテ・ブランコの理論に準拠しながら、これを認知考古学や人類学のさまざまな研究成果によって発展的に継承しようとするものである。その発想は旧石器時代から現代に至るまで、現生人類の思考の全てを対象とし、日本列島を包含する世界規模の人類の思想史を描き出そうとする一連のレクチャーとして実現した。このプロジェクトは、全5巻の「カイエ・ソバージュ」シリーズ（2002年〜04年）として刊行され、それぞれ神話論（第1巻）、国家論（第2巻）、贈与論（第3巻）、宗教論（第4巻）の全体を巻き込みながら、第5巻の『対称性人類学』を核とする星雲状の理論が展開されていった（中沢2004）。この探求はさらに人間科学の領域を超えて、科学一般の構造に「野生化」をもたらそうとする『野生の科学』（2012）という構想へと発展を遂げる。

このようにラトゥールの構想から分岐し、さらに大きな射程へと開かれたことによって、人類学者がこれまで各地で接してきたさまざまな先住民思想や、宗教や神学理論によって構築されてきた世界中の思想が脱領土化され、「人間と非人間の大分割」を超える新たな理解の光によって照らされた意義は大きい。

一般人類学（人間学）としての対称性人類学は、民族誌的な記述の背景をなすリアリティの理解に、人文科学のさまざまな領域で個別に論じられてきた議論を集約し、形而下と形而上の分裂を超えて、複数の水準とともに立ち現れる自然と文化の複合体を発見するその探求は人文科学の基盤となる人間と非人間の関係を問い直すばかりでなく、諸科学の連携と協働による、新たな集合知の形成という課題を現代に呼び覚ましつつあるといえよう。（石倉敏明）

→ 01. 再帰人類学、03. 存在論をめぐる論争、17. 野生生物管理と人類学、22. 粘菌

石倉敏明（2016）「今日の人類学地図：レヴィ=ストロースから『存在論の人類学』まで」『現代思想』44(5): 311-25，青土社.
セール，ミシェル（1996）『解明 M. セールの世界——B. ラトゥールとの対話』川崎勝・平川秀幸訳，法政大学出版局.
中沢新一（2004）『カイエ・ソバージュ5 対称性人類学』講談社選書メチエ.
———（2010）『カイエ・ソバージュ』講談社.
———（2012）『野生の科学』講談社.
———（2011）『フィロソフィア・ヤポニカ』講談社学術文庫.
ブランコ，イグナシオ・マッテ（2004）『無意識の思考——心的世界の基底と臨床の空間』岡達治訳，新曜社.
ラトゥール，ブルーノ（1999）『科学がつくられているとき——人類学的考察』川崎勝・高田紀代志訳，産業図書.
———（2007）『科学論の実在——パンドラの希望』川崎勝・平川秀幸訳，産業図書.
———（2008）『虚構の「近代」——科学人類学は警告する』川村久美子訳，新評論.
ラトゥール，ブルーノ、中沢新一（2014）「「近代」を乗り越えるために」『惑星の風景 中沢新一対談集』中沢新一ほか著，青土社.

08. アニミズム

キーワード：タイラー、宗教起源論、認知進化、デカルト主義、西洋の二元論、人間と非人間

　生物学者ヤーコプ・フォン・ユクスキュルは、生物ごとの認知能力によって生きられる世界を「環世界」と捉えた。ダニがダニの認知能力によって環世界を生きるように、ヒトはヒトの認知能力によって環世界を生きている。ところが、ヒトは「いまとここ」を超えて、物理的な環境においては存在しないものを感知する能力を持つ。現実だけでなく、超現実の領域にまで広がる知覚こそがヒトの認知能力であり、ヒトの環世界の特徴である。

　そうした認知能力をヒトはいかにして得たのか。19世紀の人類学者エドワード・タイラーは、原初の人間は、夢や死の経験をつうじて、日ごろ宿っている身体から離脱できる人格的な実体としての魂が存在するという観念を持つようになったと推論した。タイラーは、人間以外の存在に魂や霊の存在を認めるような考え方をアニミズムと名づけて、それを宗教の原初形態であるとした。アニムスとは「動く」「魂」という意味であり、絵のコマを連続して動いて見えるようにする、アニメーションという言葉にも受け継がれている。

　アニミズムが多神教へ、さらには一神教へと進化したという説を唱えたことからも分かるように、タイラーは宗教の起源論にも関心を向けていた。タイラーと同時代のジェイムズ・フレイザー、20世紀に入るとエミール・デュルケームなどによって主導された宗教の起源をめぐる研究は、文化人類学の重要なトピックであった。20世紀半ばに文化進化論が批判され、文化人類学は、宗教の起源論というテーマを手放した。代わって20世紀後半になると、動物行動学や霊長類学、進化論や認知科学の影響を受けた心理学、考古学などが宗教の起源をめぐる研究をおこなうようになった。

　宗教の起源をめぐる仮説が、認知考古学者スティーヴン・マイス

ンによって出されている。それは、いまから約6〜3万年前ほどに、人類に宗教が出現したとする説である。ネアンデルタール人の脳では、言語領域、社会領域、技術領域、博物領域などの諸領域が分化していたため、ありのままでしか物事を捉えることがなかった。他方、現生人類の脳では、それぞれの領域を隔てる壁が崩れて神経組織が組み換えられ、それらをつなぐ新たな回路をとおして、諸領域を横断する流動的な知性が作動するようになった。現生人類は比喩や象徴を操作して、人間以外の存在も意思や意識のようなものがあると捉えるようになった。このようにして、現生人類は、「いまとここ」を超越した領域にまで広がる認知能力を手に入れ、宗教を生みだしたのである。それはまた、タイラーがアニミズムと呼んだ現象に等しい。

20世紀の終わり頃になると、アニミズムは人類学内部でふたたび光をあてられるようになった。南米先住民社会での調査に基づいて、エドゥアルド・ヴィヴェイロス・デ・カストロは、南米先住民は人間、動物、精霊という存在者はどれも、自分たちを人間であるとみなし、動物や精霊たちは自分たちにも社会があると見ているという。人間と動物などの人間以外の存在の間で異なるのは、身に着けているもの（＝衣装）だとされる。その点で、人間、動物、精霊は内面的には同じような存在であり、異なっているのは身体的な面である。ヴィヴェイロス・デ・カストロによれば、アニミズムとは、人間、動物、精霊などの諸存在が自らに対して持つ再帰的な関係が論理的に等しいことを表現するものである。同じく南米先住民社会での調査に基づいて、人間と非人間（人間以外の存在）が類似する内面性と、異なる身体性を持つ様態をアニミズムと呼んだのは、フィリップ・デスコラである。アニミズムでは、人間が動植物や他の環境諸要素に対して主体性を与える。人間は、主体的にふるまう非人間との間で、人格的関係を結んでいることになる。

ところで、タイラーのアニミズムの土台には、人間と非人間を截然と切り分けた上で、人間だけが魂や精神を持つと捉えるという、デカルト主義的な西洋二元論思考があった。人間以外の生物やモノに対して、人間が持つ魂や精神を投影するというプロセスが含まれていたのである。これに対し、ヴィヴェイロス・デ・カストロらによるアニミズムの新たな定義は、デカルト主義的な二元論から解き放たれ、より本質的な理解に基づいていると理解されよう。

レーン・ウィラースレフのアニミズム論も、デカルト主義的な主

客二元論の脱中心化を目指している。西洋が失ってしまった世界を想定し、その中で、世界や他の存在者との差異を吸収してつながることから成長するものがアニミズムだと捉えたヌリット・バード゠ディヴィッドを批判し、人間と非人間がこれかあれかではなく、これもあれもという、どっちつかずの存在様態であることがアニミズムであると唱える。ウィラースレフのアニミズムはまた、ティム・インゴルドのそれと響き合う。インゴルドは、精神と物質という分割線以前の事物の途切れることのない生の流れそのものに目を向け、「生きていること」（アニマシー）が、精神と物質の存在論的分割に先立つアニミズムの本質であると唱える。樹木は風の流れに応じて、その動きの中で「風─の中の─木」として生きており、インゴルドのいう「アニミックな存在論」とは、諸存在が一体となって、生成と運動を不断に繰り返すことである。

振り返れば、19世紀の哲学者ルシアン・レヴィ゠ブリュルによる「融即律」の考えもまた、デカルト主義的な二元論を乗り越えていたと見ることができる。融即とは、原初の人間が持っていた心性のことである。未開人の心性にとって一と多、同と異などの対立は、その一方を肯定する場合、他を否定する必然を含まない。両者はひとつながりになっている。民俗学者・折口信夫は、人間の持つ比較の能力を、「類似点を直観する類化性能」と「咄嗟に差異点を感ずる別化性能」に分けた。類化性能とは表面的には違っているものの間に共通性や同質性を見出す思考法であり、別化性能とは差異を基礎にして組み立てられる、A≠非Aという、科学思考のベースにあるアリストテレス原理を含む思考法である。折口にとって、古代人の心は「類化性能」に基づいていた。アニミズムとは、類化性能的な思考のことである。その考えもまた、今日のアニミズム論を先取りするものであった。人間と非人間、精神と物質、主体と客体という西洋二元論思考を超えていたためである。

デカルト主義的な二元論の批判の立場から、哲学者・大森荘蔵は、人間は人間以外の存在と人格的関係を結ぶことがあり、その時、人間以外の存在が「心あるもの」として立ち現れることがある状況に着目し、その点に、アニミズムの本質を見ている。詩人・山尾三省が東京から移り住んだ屋久島でアニミズムを発見したことは特記されてよい。アニミズムは、科学・合理主義とは対極にある自然に対するロマン主義と結びつく可能性をつねに孕んでいる。風や空気を含む自然が力を持っ

ていたかつてのアニミズムから、息が「母音」としてアルファベットの中に住みつくことにより、外なる自然に潜んでいた霊力が人間の頭蓋の内に収まったために、人間だけに通用する自己再帰的なアニミズムとして化現したと唱えるディヴィッド・エイブラムのアニミズム論は異色である。最後に、岩田慶治のアニミズムについても触れておきたい。岩田は、西洋二元論思考の批判的検討を経ることなく、地理学者アレクサンダー・フォン・フンボルトと道元の思想に導かれて、独自の豊かなアニミズム論を私たちに残してくれている。(奥野克巳)

→ 05. 今日の民族誌、09. 自然／人間、24. 岩田慶治のアニミズム論、50. ホモ・サピエンス

岩田慶治（1991）『草木虫魚の人類学——アニミズムの世界』講談社学芸文庫.
エイブラム，デイヴィッド（2017）『感応の呪文——"人間以上の世界"における知覚と言語』結城正美訳，論創社／水声社.
大森荘蔵（1981）『流れとよどみ』産業図書.
奥野克巳（2010）「アニミズム、『きり』よく捉えられない幻想領域」吉田匡興・石井美保・花渕馨也共編『宗教の人類学』: 214-37, 春風社.
———（2013）「告げ口をするブタオザル：ボルネオ島プナン社会における動物アニミズム」奥野克巳・山口未花子・近藤祉秋共編『人と動物の人類学』: 29-60, 春風社.
山尾三省（2000）『アニミズムという希望——講演録・琉球大学の五日間』野草社.
Bird-David, Nurit (1999) "Animism Revisited: Personhood, Environment, and Related Epistemology," *Current Anthropology* 40S1: S67-S91.
Descola, Philippe (2006) "Beyond Nature and Culture," *Proceedings of the British Academy* 139: 137-155.
Ingold, Tim (2000) *The Perception of the Environment: Essays on livelihood, Dwelling and Skill.* Routledge.
———(2011) *Being Alive: Essays on Movement, Knowledge and Desccription.* Routledge.
Viveiros de Castro, Eduardo (1998) "Cosmological Deixis and Amerindian Perspectivism," *Journal of the Royal Anthropological Institute*, n.s.4(3): 469-88.
Willerslev, Rane (2007) *Soul Hunters: Hunting, Animism, and Personhood Among the Siberian Yukagirs.* University of California Press.（邦訳は、レーン・ウィラースレフ『ソウル・ハンターズ：アニミズムとシャーマニズムの人類学』奥野克巳・近藤祉秋・古川不可知訳，亜紀書房，2018年近刊予定.）

09. 自然／人間

キーワード：ネットワーク、ラトゥール、産業資本制、国民国家、科学技術

　「近代」と総称される一連の考え方や制度や生き方全般の根幹を基底で支えている存在論的な前提。「自然／人間（社会・文化）」と総括されることが多く、デカルトの心身二元論もこの一つ。いつをもって「近代」(modern) がはじまるのか、「近代性」(modernity) とは何かについては諸説あるが、おおむね大航海時代以後の西欧で徐々に構築され、そこを中心に全地球規模に拡張しつづけてきた産業資本制、近代科学技術、近代国民国家などを支える一連の考え方や制度や生き方全般を「近代」と呼ぶことが多い。宇宙のあらゆる存在を考えたり、それらに働きかけたりするに先立ち、その前提として、宇宙の全体が一貫して包括的に「自然／人間」という二元論的枠組みに分類されるのは、この近代の存在論に特有な現象である。「自然」や「人間」や「社会」や「文化」に該当する概念をもつ人々はいても、「自然／人間」という二元論的な枠組みを一貫して包括的存在論的前提とする人々は近代に生きる人々の他に民族誌的に確認されていない。

　この近代に特有な「自然／人間」という二元論的な存在論的枠組みは、ブルーノ・ラトゥールが明らかにしたように、ヨーロッパにローカルな現象にすぎなかった近代が産業資本制の市場と近代国民国家と科学技術から成るネットワークとして全地球規模で拡張してゆく際に、その拡張を推しすすめる強力なエンジンとなってきた。

　この枠組みではまず、人間だけからなる「社会・文化」と非人間（モノ）だけからなる「自然」に宇宙全体が分割される。そのうえで、自然とは独立に普遍的な理性に基づいて自由な政治的主体としての人間同士が国民国家などの社会を自由に構築する実践が「政治」とされ、社会から離脱した科学者が社会・文化からの汚染（バイアス）なしに自然の普遍的な真理を明らかにする実践が「科学」、社会と自然の相

互作用の場で非人間を自然から調達して社会に流通させる実践が「経済」とされる。そして、文化からの影響を排除すればそれだけ自然の普遍的な真理が開示され、モノへの欲望など、自然からの影響を排除すればそれだけ政治的主体は理性に従って社会をより合理的かつ自由に構築することができると考えられる。そのため、社会の自由な構築と自然の真理の開示を保証する人間と自然の分離と純化が普遍的な進歩として目指され、社会と自然の相互作用である経済も、そうした進歩によって理性と自然の真理に従うようになり、より合理的なものに進歩するとされる。

　しかし、実際にネットワークとして構築されるのは人間だけからなる社会ではない。そこでは、人間と非人間（道具や機械、通信・交通網などのモノ）が動員されて組織化され、人間と非人間のハイブリッドなネットワークが構築されており、「自然」と「人間」が入り混じっている。これと同じように、科学による真理の発見も、人間と非人間が動員されて構築されたハイブリッドなネットワークなしにはありえない。科学が明らかにする真理は、人間と非人間でハイブリッドに構築された実験室をはじめ、非人間を機械装置の助けをかりて次々と「刻印」（地図や標本や数値など、運搬可能なかたちで情報を刻み込まれたモノ）に変換しながら「計算の中心」（研究所など、ネットワークの周辺からの刻印を比較したり結合したりして計算し、真理を明らかにする場）に運ぶ長大なネットワークを通してはじめて明らかになる。

　このように近代のネットワークは「政治＝科学技術＝経済」の実践によって人間と非人間をハイブリッドに結びつけることで構築されており、そこには「人間」と「自然」という分離された領域はない。この意味で、「自然／人間」の二元論は現実を歪めた虚構にすぎない。しかし、次のようなからくりで、この虚構としての二元論こそがネットワークの拡張を推しすすめるエンジンになる。

　この二元論では、「自然」と「人間」という二つの領域がそれぞれ「自然の真理」と「人間の理性」という別々の普遍的な秩序に従っており、それらの間の相互作用がそれぞれの普遍的な秩序に影響を与えることはないとされる。そのため、自然の秩序の崩壊にも社会の秩序の崩壊にも怯えることなく、人間と非人間をあらゆるやり方で自由に結び付けることが可能になる。しかも、こうして構築される人間と

非人間のネットワークが拡張し、より多くの人間と非人間を動員することができるようになればそれだけ、そのネットワークによって「自然」の真理が開示され、産業資本制の市場は拡大し、人間は伝統や共同体の束縛から解放されて自由で理性的な政治主体になり、その理性によって理想的な社会が築かれることになる。「自然／人間」の二元論は人間と非人間のハイブリッドなネットワークを加速度的に増殖させるのである。

　こうした二元論のエンジンに駆動されてヨーロッパから爆発的な勢いで拡張し、地球を覆うまでになったネットワークから私たちは大きな恩恵を受けている。このネットワークによって、私たちが生きる世界は全地球規模、さらには宇宙にいたるまでに拡大され、その生活はかつてないほど便利で豊かなものになってきた。しかし、このネットワークは、その拡張のエンジンとして働いてきた「自然／人間」の二元論のために、さまざまな問題も引き起こしている。この二元論によって「科学」と「政治」という分業体制が生み出されてしまい、非人間と人間から成るネットワークについて議論して意志決定を行う場がどこにも存在しなくなってしまうからである。

　現実に構築されるハイブリッドなネットワークは、「人間」だけを対象とする代表民主主義での議論の対象からこぼれ落ちてしまい、「自然」の真理に邁進する科学者がそのネットワークに責任をもつこともない。その結果、人間と非人間を結びつけてネットワークを構築してゆく場は事実上の無法地帯と化してしまい、ネットワークは誰が責任をもつわけでもない不可解で制御不可能なモンスターとして暴走する。また、このネットワークで人間と非人間が混合されて生み出される商品や機械装置、流通や統治のネットワークなど、人間と非人間のキメラも、不可解で制御不可能なモンスターになってしまう。そのなかでも、ダイオキシンやPCB、DDT、フロン、CO_2のような産業廃棄物や副産物などのキメラは、これらを生産したネットワークから漏れだして外部へ拡散し、地球温暖化や環境汚染など、グローバルな規模で環境に影響を与えつつある。

　また、このネットワークでは、そこに接続されてゆく人間と非人間が平等に繋がれてゆくわけではなく、その中心でネットワークを拡張する近代の主体（近代的な市民としての科学者と資本家）がそれ以外の人間と非人間を遠隔操作しながら支配して管理・搾取するかたち

で繋いでゆくため、このネットワークが拡張することで中心による周辺の支配と管理と搾取がすすんでゆくことになる。「自然／人間」の二元論は、この支配と管理と搾取の構造を正当化する根拠ともなる。唯一科学技術だけが単一の「自然」をあるがままに明らかにし、適切に働きかけて改変してゆくことができるのに対して、それ以外の知識はその「自然」を単に社会・文化的に解釈しているにすぎないとすることで、この二元論は、科学技術を根拠にネットワークを拡張する近代の主体に、それ以外の人間と非人間を支配して管理・搾取する正当な根拠を与えるからである。

　こうした問題を引き起こしつつも、近代の拡張のエンジンともなってきた「自然／人間」の二元論をどのように再考してゆけばよいのか。近代を全否定するのではなく、その長所と恩恵を維持しつつ、この近代を支えている二元論に代えて、どのような存在論的基盤を考え出してゆけばよいのか。こうした「自然／人間」の二元論をめぐる難問は、私たちが直面している最重要の問題である。とくに、人新世の提唱を通して、人類と地球の活動が密接に連動しており、人類の持続不可能な活動による地球の変化が人類の地球での生存可能性を脅かしていることに警鐘が成らされている今日にあって、この問題の重要性は計り知れない。この問題については、ダナ・ハラウェイによる「クトゥルシーン」(Chthulucene 黄泉新世)の構想をはじめ、すでに「マルチスピーシーズ民族誌」(multispecies ethnographies) などによって考察がすすめられはじめている。（大村敬一）

　　→ 02. レヴィ＝ストロースの構造主義、03. 存在論をめぐる論争、10. 人新世、12. マルチスピーシーズ民族誌

大村敬一（2010）「自然＝文化相対主義に向けて：イヌイトの先住民運動からみるグローバリゼーションの未来」『文化人類学』75 (1): 54-72.
森田敦郎（2016）「世界はどのようにできているのか」『人類文化の現在：人類学研究』内堀基光・山本真鳥編，放送大学教育振興会.
ラトゥール，ブルーノ（2008）『虚構の「近代」――科学人類学は警告する』川村久美子訳，新評論.

10. 人新世

キーワード：地質学、人類による地球環境の変化、「自然／人間（社会・文化）」の二元論、想像のあり方、全球シミュレーション

　現在形成されつつある地層が人類という生物種の活動による地球環境の変化によって「完新世」とは異なる地層となりつつあり、人類の活動の痕跡が地層に永続的に残ることが予測されるという地質学的な事実を根拠に、私たちが生きている現在を指す地質年代として提唱されている地質学的な概念。2000 年に大気化学者のポール・クルツェンと生物学者のユージン・ストーマーによって地球圏・生物圏国際協同研究計画の *Global Change News Letter* 誌で提唱された。完新世から人新世への移行がいつなのかを含め、この概念の内実と妥当性については、現在、国際地質科学連合の国際層序委員会に設置された人新世作業部会で検討されている。この概念が地質年代として公的に採用されるかどうかは、地質学界での議論に基づいて今後決められてゆくことになる。

　地質年代として未だ公認されてはいないものの、また、厳密には地質学の概念であるにもかかわらず、この概念については、人類の活動によって引き起こされる惑星規模の急激な環境変動など、現在人類が直面している問題を浮き彫りにするキーワードとして、地理学や環境科学をはじめとする自然科学ではもちろんのこと、人文・社会科学でも幅広く議論されている。とくに人文・社会科学では、この概念に対する批判を含め、「人間」や「人類」をはじめ、「自然／人間（社会・文化）」の二元論を再考し再編成する議論が盛んに展開されている。また、人新世は欧米で広く一般に普及し、芸術運動でも重要なトピックとして取り上げられるのみならず、野生生物管理、環境開発、科学技術など、グローバルなレベルからローカルなレベルにいたる多様な政治・経済の現場に大きな影響を与えつつある。このような状況

にあって、今後、この概念を軸に政治・経済・社会・文化のあらゆる側面が再編成されてゆく可能性が高い。

　人新世がこのように大きな影響力をもっているのは、人類の活動が地球での人類の生存可能性を近い未来に脅かす可能性を指摘し、現在の人類の持続不可能な活動に対して警鐘を鳴らす概念でもあるからである。人工的に生み出された大量の汚染物質の地球環境への拡散と蔓延、地球温暖化をはじめとする急激な気候変動、6度目の大量絶滅とまで言われる生物多様性の急速な激減など、人類の活動が地球に及ぼしている影響を考えれば、人類が現在営んでいる政治・経済・社会・文化のあらゆる側面を見直し、現在とは異なる世界を築かねば、人類の活動によって人類自身が絶滅する可能性がある。こうした切迫した問題に注意を喚起するため、この概念は人類の生存可能性を脅かす「惑星規模の限界値」（planetary boundaries）と関係づけられて語られることが多い。

　人新世という概念の特徴はグローバリゼーションという概念と比較すると鮮明になる。どちらにおいても地球という惑星が全体としてとらえられている。しかし、球（グローブ）として表象される地球が不変な舞台として想像され、産業資本制と国民国家体制とテクノサイエンスの複合的なネットワークがその球を覆い尽くしてゆくというグローバリゼーションに対して、人新世では地球という惑星はもはや不変の舞台ではない。地球は人類という生物種の活動と連動しながら変動する変数と化している。もはや近代の「自然／人間」の二元論は意味をなさず、人類の活動は地球環境の活動に影響を与え、その影響は思わぬかたちで人類に跳ね返ってくる。しかも、温暖化をはじめとする地球環境変動に端的にあらわれているように、人類が地球に与えた影響は人類の生存可能性を脅かす可能性すらある。

　こうした想像のあり方は、人新世によってはじめて喚起されたわけではない。その先駆は19世紀まで遡ることができる。また、20世紀後半、ローマ・クラブ（The Club of Rome）の『成長の限界』（Limits to Growth）やブルントラント委員会（Brundtland Commission）の『私たちの共通の未来』（Our Common Future）などを通して地球環境問題や人口問題が広く認識されるようになり、アポロ計画ではじめて球として撮影された地球の写真、「地球の出」（Earthrise）と「青いビー玉」（The Blue Marble）によって、国家も

人種も生物種の違いもなく、多様な生命がたった一つの脆弱な地球に共に暮らしていかねばならないということが広く真剣に受けとめられるなかで、人新世に通じるような想像のあり方が醸成されてきた。しかし、人新世が喚起する想像のあり方は、強力なコンピュータと高度なリモート・センシング・システムによる全球シミュレーションという新たな科学技術に支えられている点で、それ以前とは異なっている。

こうした新しい科学技術によって支えられた人新世の想像のあり方は、近代の「自然／人間」の二元論に代わる新たな世界観を生み出しつつある。また、こうした想像のあり方は、全球シミュレーションを可能にしているグローバル・ネットワークに支えられると同時に、そのネットワークを再編成しながら、これまでとは異なる世界生成の実践を駆動しつつある。さらに、その世界生成の過程を通して、そうした想像のあり方は、地球に棲まう人類や生命体の日常的な営みはもとより、人類の政治・経済・社会・文化のあらゆる側面と連動した地球環境全体に大きな影響を与えつつあり、そのような状況にふさわしい統治のあり方が模索されはじめている。

こうした動向のなか、従来の「人間／自然」の二元論に基づいた「人文・社会科学／自然科学」という学問の分業のあり方に再編成が求められている。また、このような動向の影響を受けつつ、その動向を批判的に検討する議論が、「マルチスピシーズ民族誌」（multispecies ethnographies）や「環境人文科学」（environmental humanities）などのかたちで盛んに展開されつつある。こうした批判において重要な争点は、この人新世という概念が喚起する想像のあり方は、あくまでも欧米を中心に拡張してきたグローバル・ネットワークの世界生成と連動するものであって、その点について無反省なままに現在の動向を推しすすめれば、それ以外の多様な世界生成を抑圧・搾取することになってしまう点である。こうした問題は、多様な政治・歴史的背景にある人々を一括して「アントロポス」（人類）として総称してしまうことで人類内部の非対称な政治・経済的関係を隠蔽してしまっている点に象徴的にあらわれている。資本制という生産システムにこそ現状の原因があるとする「キャピタロシーン」（Capitalocene 資本新世）という名称が人新世に代えて提唱されるのは、このためである。あるいは、人間と非人間を労働力と資源として移植して動員する工場という生産方法の先駆けとなり、産業資本制を可能にしたプランテーショ

ンにまで遡って命名する「プランテーショノシーン」(Plantationocene プランテーション新世)という名称も提唱されている。いずれにせよ、これらの概念をめぐっては、こうした人類内部での非対称な「支配／従属」の関係に限らず、近代の「自然／人間」の二元論に基づいて「人間」が「自然」を支配して管理する枠組みからいかに離脱するかが問われている。

さらに、ダナ・ハラウェイは、恐竜が絶滅したことで知られるK-Pg境界(白亜紀と古第三紀の間の極薄の地層で5回目の大量絶滅のイベントにあたる)のように、人新世は「世」という長期の時代というよりも境界的なイベント (boundary event) にすぎないとし、その後に来るべき「世」を「クトゥルシーン」(Chthulucene 黄泉新世)と呼んで、そこでの人類と地球の関係をマルチスピーシーズ民族誌の観点から構想している。クトゥルはギリシア語の地下界(神々の棲まう天上界と対立し、生命の子宮にして墓、生と死の源)に由来する。人新世を越えて廃墟と化した黄泉新世では、この地下界に棲まう者を範として、人類は無数の生命と無数の触手で繋がり合いながら世界を再生させる堆肥として生きる必要があるという構想をハラウェイは示している。(大村敬一)

→ 09. 自然／人間、12. マルチスピーシーズ民族誌、17. 野生生物管理と人類学、47. 環境人文学

大村敬一 (2017)「絶滅の人類学:イヌイトの「大地」の限界条件から「アンソロポシーン」時代の人類学を考える」『現代思想』45(4): 228-247, 青土社.
『現代思想』編集部編 (2017)「特集 人新世」『現代思想』45(22):41-245, 青土社.
鈴木和歌奈・森田敦郎・クラウセ, リウ (2016)「人新世の時代における実験システム:人間と他の生命との関係の再考へ向けて」『現代思想』44 (5): 202-213, 青土社.
森田敦郎 (2015)「陸と海からなる機械:気候変動の時代におけるコスモロジーとテクノロジー」檜垣立哉編『バイオサイエンス時代から考える人間の未来』: 27-52, 勁草出版.

11. 自然の人類学

キーワード：同定の様式、世界化、管理・制御、生権力、多文化主義批判

「自然の人類学」という講座をうちたててコレージュ・ド・フランスに着任したフィリップ・デスコラは、その講座の就任講演で、自然を人類学の主題とする理由を切迫した問題意識とともに次のように述べている。

> 人類学は今、とてつもない難題に直面しています。干からびた人間中心主義のすがたで消え去るのでないならば、その道具と領域を再考し変異を遂げ、その対象に含めるものを人類にはとどめないようにする、つまり、人類に関係するのに周辺性の立場に長らく格下げされてきたあらゆる存在を対象に含むようにするほかないのです。意識的に戦闘的であることがそこに認められるでしょうが、この意味において、われわれは自然の人類学を語ることができるのです（Descola 2001）。

こうした人類学の危機の背景には、多文化主義的な文化理解がある。デスコラは同じ講演で、なじみのない習慣を多様性のなかのひとつの観点である文化としてのみ受け取る感性を備えるようになってしまった相対主義からの脱却を訴える。「人類学が今なすべきことは生命科学や自然科学の展開によって部分的に無用なものとなっているが、われわれのものとは非常に異なった習慣のある人びとの直観的理解にきわめて有害な歪みを生んできた、二元論的ヴェールを取り除いた、より解放された視線を世界に向けることなのです」。自然を人類学の対象とすることに賭けられているのは、社会構築がおよぶ範囲を広げることではない。むしろ「自然」という決定的な概念を相対性の批判の力に

さらすことによって、西洋的思考から外に出ていくことなのである。

このプロジェクトを進めるなかでデスコラは、所与から形成されるものを「文化」とは異なる仕方で考えることを提唱する。そのために用いられたのが「世界化（worlding）」という語である（Descola 2014）。ポストコロニアルの文脈ではヘゲモニーによる社会的構築という意味を帯びていたことをうけつつも、それとは異なる意味あいを持たせることで、「構築作用を備えた文化」という概念とは別の仕方で、人間活動が帯びる多様なかたちを考えなおそうとしているのである。デスコラの用いる世界化とは、「存在論的述語付与」とも言い換えられる「われわれにふりかかるいくつもの特性が安定するプロセス」のことである。このプロセスは、所与の状態にある「存在論的なフィルターが差別化するアフォーダンス」に応じて「実現されたりされなかったりする質や関係の集まり」に対して、働きかける。自然の人類学の課題は、「世界化」の水準を通して、多様な慣習や言説がいかに構成されているのかを、あきらかにすることにある。それらの多様なかたちを理解するには、西洋的思考を前提にし続けるわけにはいかず、それを相対化することに加え、異なる慣習に対する感性を刷新する必要がある。

ただしこれらの概念は、社会と自然の連続性のみを描くためのものではない。この点は、世界化のプロセスの核となる「存在論的述語付与」が「同定の様式」と換言されることからも理解できるだろう。同定の様式とは未規定なものを規定する存在論的設定であり、それを説明する分析視角である。ここでの同定は、事象の何かを引き受け何かを無視するという線引きを伴うプロセスで、世界化はその線引きの延長にある。その分析視角によって、自然と社会の連続性というよりも、人間と人間以外の領域における差異と類似がいかに配置されているかが描かれる。同定に伴う線引きに注目するこの議論には、それぞれの世界化に宿る政治性を対象化する可能性がある。

とはいえデスコラの議論には批判が向けられることが多い。「同定の様式」をまとめる議論に類型論的な性格を見ることができることも、その理由のひとつである。確かに、アニミズムやアナロジズムなどの名をつけられた四つの類型が特定の社会や地域を思い起こさせる（なお、ミシェル・セールがデスコラの議論を類型論ではないかたちで活用している［セール　2017］）。マーシャル・サーリンズは、デス

コラによる「同定の様式」を政治体系の類型に相関させることで、その諸類型を整理している（Sahlins 2014）。デスコラ自身はサーリンズが提示した類型の図式を受け入れなかったが、そう読まれる程度には、「同定の様式」は社会形態とのあいだに相関性が想定されている。例えば、アナロジズムと名付けられた同定の様式は、集権的ないし階層化された社会と結びついている。

　この点に、「自然の人類学」のひとつの可能性が示されているのではないか。デスコラは「自然の人類学」を打ち立てるために、アンドレ・オードリクールの短い論考を参照している。そこでは、家畜方法や栽培技術のとる形態と政治体系の相関についての文化間比較に基づき、自然の領域と社会の領域に及ぶ権力の働きには同型性があるのではないかという仮説が提示されている（Haudricourt 1962）。フランス人類学の学説史を「自然」概念との関係から論じた著作で、ピエール・シャルボニエはこの論文をマルクス主義的伝統とも異なる特異な議論と位置付けたうえで、デスコラの人類学的実践はそれを主要な導きの糸のひとつにしていたと指摘する（Charbonnier 2015）。「自然の人類学」は人間と非人間の領域に広がる関係性のかたちを問うており、そこには、政治あるいは権力という主題に結びつく面がある。

　先のオードリクールの議論にも通じるものとして、谷泰による牧畜論をあげることができる。谷は古代中近東における家畜の生育技法と官吏の登用のあいだには去勢という技術を採用するという同型性があることを明らかにしているが、その議論はフーコーの司牧権力論にも通じており、またそれも組み込まれている（谷 1997）。これらを「自然の人類学」のひとつの可能性として受け止めることもできるのではないか。つまり、フーコーによる権力論などの現代の人文社会科学にとって重要な成果を非人間との関係性が見られる事象に持ち込むことで、権力の働きや権力概念の批判的考察や、政治にかんする問いを提起してゆく可能性である。こうした動向には、産業と結びついたイヌの生を描くダナ・ハラウェイの議論も挙げることができるだろう。もっともハラウェイは、生権力の作用からのみ、イヌの生を問うたわけではない。飼い主とイヌの親密な関係に生じるものをはじめ、人と動物とのもつれあいにも目をむけている（ハラウェイ 2013）。こうした視角はマルチスピーシーズ民族誌という研究動向につながっている。

　フーコーの生権力論を活用し「自然の人類学」の射程を広げた別

の研究として、フレデリック・ケックによるパンデミックの人類学があるだろう。生権力論と動物との関係性が交差する鳥インフルエンザを対象に設定したその考察において、デスコラの用語が直接的用いられているわけではない。だが科学の見方によって危険なウィルスの寄生する動物として新たに鳥が同定されるようになるときに、いかにそのほかの見方から鳥の同定がなされるようになるのかといった点が、「コントロール」という権力の作用とともに論じられている。またケックはクロード・レヴィ＝ストロースの人類学の再考も進めており、レヴィ＝ストロースがキャリアの終盤に記した狂牛病に関する短い論考などの議論の細部にも注意深く目をむけている（ケック 2017）。

　デスコラは「自然の人類学」に、人類学を刷新するプロジェクトという性格を与えている。ただしその試みは、デスコラ以前になされてきた議論を掘り起こしながら進められてきたのであり、それに基づき、分析視角や問題設定は積み上げられている。「自然の人類学」の実践は、かつての議論を新たに読み解くことも伴いながら、なじみのないものに目をむける人類学を再活性化していくのだろうか。（近藤宏）

→ 09. 自然／人間、12. マルチスピーシーズ民族誌、17. 野生生物管理と人類学、24. 岩田慶治のアニミズム論

ケック，フレデリック（2017）『流感世界──パンデミックは神話か？』小林徹訳，水声社.
セール，ミシェル（2016）『作家、学者、哲学者は世界を旅する』清水高志訳，水声社.
谷泰（1997）『神・人・家畜──牧畜文化と聖書世界』平凡社.
ハラウェイ、ダナ（2013）『人と犬が出会うとき──異種協働のポリティクス』高橋さきの訳，青土社.
Charbonnier, Pierre（2015）*La fin d'un grand partage: Nature et société, de Durkheim á Descola*. CNRS Editions.
Descola, Philippe（2013）*Beyond Nature and Culture*. Chicago University Press.
─── (2014) "Modes of being and forms of predication," *HAU: Journal of Ethnographic Theory* 4(1):271-280.
Haudricourt, Andre (1962) "Domestication des animaux, culture des plantes et traitement d'autrui," *L'Homme* 2(1) :40-50.
Sahlins, Marshall（2014）"On the ontological scheme of Beyond nature and culture," *HAU: Journal of Ethnographic Theory* 4(1):281-290.

12. マルチスピーシーズ民族誌

キーワード：複数種、ともに生きる、伴侶種、種間の関係性、絡まりあい

　人類学は、新たな世紀に入ってから、文化表象をめぐる議論から、動植物やモノなどを含む自然と人間が絡まりあって生みだす世界をめぐる学問へと、その研究の方向を転換させてきているように見える。人類学はいま、人間だけからなる世界の中に閉じるのではなく、人間を超え出たところから人間について語る学問へと生長を遂げつつある。そうした流れの中心に位置するもののひとつが、異種間の創発的な出会いを取り上げ、人類学を、人間を超えた領域へと拡張しようとする「マルチスピーシーズ民族誌」である。

　クロード・レヴィ＝ストロースが動物を、「考えるのに適している」と捉えたのに対し、マーヴィン・ハリスは、それらは「食べるのに適している」と捉えた。しかし、動物を含む他の生物種は、人間にとって、たんに象徴的および唯物的な関心対象というだけではない。他種は、人間や他の生物種と関わりを持ちながら、絡まりあって生きてきた。ダナ・ハラウェイが着目したように、動物を含む他の生物種は、人間にとって「ともに生きる」存在でもある。そのアイデアは、ハラウェイの「伴侶種」に由来する。ハラウェイは、『伴侶種宣言』の中で、「意味ある他者性」を捉えなおし、他の生物種との共生や協働の倫理のあり方を探ろうとしたのである。マルチスピーシーズ民族誌は、複数種の出会いを取り上げて、人間だけを主体として、ア・プリオリに人間存在を設定する人類学の既存の概念枠組みを再検討し、人類学が抱える人間中心主義的な傾向に挑戦しようとする。

　ローラ・オグデンらによれば、「マルチスピーシーズ民族誌とは、行為主体である存在の絶えず変化するアッサンブラージュ（組み合わせ）の内部における、生命の創発に通じた民族誌調査及び記述」である。それは、欧米中心主義的な特有の人間像の脱中心化に向かうポス

トヒューマニズムの流れに位置づけられる新たな学的ジャンルである。トム・ヴァン・ドゥーレンによれば、マルチスピーシーズ人類学は、他種をたんなる象徴、資源、人間の暮らしの背景と見ることを超えて、種間および複数種の間で構成される経験世界、存在様式、他の生物種の生物文化的条件に関する分厚い記述を目指す。

　ここでは、マルチスピーシーズ民族誌を幾つか取り上げてみよう。まず、絶滅の危機にあるハゲワシの痛みをめぐる、ヴァン・ドゥーレンの研究を紹介する。インドでは、年間何百万という牛が死ぬ。それらは神聖視されているため食べられることはない。牛は死にかけると、遺体ごみ置き場に連れて行かれる。それをきれいに30分ほどで食べ尽くすのがハゲワシである。しかし今日、ハゲワシが牛を食べることが、ハゲワシを死に至らしめるという逆説的状況がある。貧困層が牛を使って作業を続けるために起こる牛の足の病気、乳腺炎、出産困難などへの処置として、非ステロイド系の抗炎症の安価な薬ディフロフェナクが牛に投与される。その薬が腎障害をもたらすため、ハゲワシは痛みを伴って死に逝く。インドでは現在、ハゲワシの減少に反比例してイヌが増えている。しかしイヌは、ハゲワシのようなスピードと完璧さで動物の死骸を片付けることはない。また、イヌはうろついて人間を襲い、狂犬病などをまき散らす。ハゲワシがいないと、人間や動物の健康に重篤な影響がある。個体とは関係論的な存在であり、生と死を含む複数種の文脈で、他者であるハゲワシの感じる痛みは、いったいいかに捉えられるべきなのだろうか。ある種が絶えると多くの有機体が依存する相互作用もなくなるので、複数種の絡まりあいは重要である。ヴァン・ドゥーレンによれば、ハゲワシの痛みとは、すべての生命が埋め込まれている結びつきの中へと増幅される痛みである。

　「ともに生きる」ことのベースにあるのは、ハラウェイが強調する「愛」だけではない。マルチスピーシーズ民族誌は、蛾やダニなどを含め、「嫌われものたち」（害虫や害獣）を視野に入れる。デボラ・バード・ローズによれば、オーストラリアの果樹園経営者にとって、オオコオモリは害獣である。逆に、人間がオオコオモリの食料であった原生林を伐採したために、オオコオモリは飢餓に陥り、果樹園を襲わざるを得なくなったのである。果樹園では電気柵が設置され、オオコオモリの群れが食料を求めて果樹園に飛来し、電気柵で落命する。

オオコオモリには、飢餓か電気ショックかという「死のブラックホール」しかない。オオコオモリがストレスによって強毒化したウィルスを持つようになると、複数種のネットワークの中でさらに悪者になる可能性があると、ローズは言う。

　マルチスピーシーズ民族誌の主導者的な人類学者であるアナ・ツィンによれば、マツ、マツタケ、菌根菌、農家が絡まりあって、生存可能性を生み出している。痩せた土地でマツと菌根菌は共存しており、菌根菌が育ったものがマツタケとなる。人間は燃料や肥料を求めてマツ林に入る。そのことで、マツは排除されることを免れ、マツにとって程よく攪乱された状況がつくり出される。マツ、菌根菌、農家の人々という偶然の出会いにより、マツタケが育つ。ツィンはそこに、人間と自然が複雑に絡まりあい、依存するマルチスピーシーズな関係を見る。ツィンは、「人間の自然は、種間の関係性にある」という。このアイデアは、前述のハラウェイの伴侶種の概念とともに、マルチスピーシーズ民族誌の鍵概念でもある。

　マルチスピーシーズ民族誌の基本は、「民族誌記述および調査」であるが、その調査は、ある場所で集中的に行われる文化人類学の長期調査だとは限らない。複数の場所で行われる、マルチサイテッド民族誌であることも多い。また、マルチスピーシーズ民族誌は、バイオアートや芸術実践などとも関連が深い。2008年のアメリカ人類学会の年次大会において開催された「マルチスピーシーズ・サロン」がそのことを示している。「ウィルスと仲良くなる試み」と題して、C型肝炎に感染している芸術家の血液が、それが無害であるタンポポに与えられ、当の芸術家は、薬としてタンポポの根を摂取していると語った。それらの点で、マルチスピーシーズ民族誌が高らかに宣言されたカークセイらの論考が、カルチュラル・スタディーズの拠点であった学術雑誌（『カルチュラル・アンソロポロジー』誌）に掲載されたことには、驚くべきことではない。

　マルチスピーシーズ民族誌はまた、近年勃興しつつある「環境人文学」の中にも位置づけられる。環境人文学は、1970年代に登場した環境哲学、1980年代の環境史、1990年代のエコクリティシズムなどの諸学問を土台として発展してきた、環境をめぐる新しい学際的領域である。ウルズラ・ハイザは、環境人文学における近年の「人新世」をめぐる議論の中で、マルチスピーシーズ民族誌を、生産的な

ジャンルであり、人間中心主義の乗り越えを視野に入れた分野であると評価しつつ、期待を寄せている。「人類学者たちは、人類学においてこれまで研究対象とされてきた人間社会を、複数種によって構成されているコミュニティとして捉えなおそうとしている。複数種にはたとえば、人間の胃腸に住む微生物、感染症をもたらすウィルス、食用として育てる植物、食用動物やペット用動物、などが含まれる」と述べている。(奥野克巳)

→ 05. 今日の民族誌、09. 自然／人間、10. 人新世、16. アナ・ツィンの民族誌、47. 環境人文学

奥野克巳 (2017)「明るい人新世、暗い人新世」『現代思想』45(22): 76-87, 青土社.
ハイザ, ウルズラ (2017)「未来の種、未来の住み処 (すみか): 環境人文学序説」森田系太郎訳, 野田研一・山本洋平・森田系太郎編『環境人文学 II 他者としての自然』: 249-285, 勉誠出版.
ハラウェイ, ダナ (2013)『伴侶種宣言――犬と人の「重要な他者性」』永野文香訳, 以文社.
Kirksey, Eben (2014) *The Multispecies Salon*. Duke University Press.
Ogden, L., Hall, B., & Tanita, K. (2013) "Animals, Plants, People, and Things: A Review of Multispecies Ethnography," *Environment and Society: Advances in Research* 40 (1): 5-24.
Rose, Deborah Bird (2011) "Flying Fox: Kin, Keystone, Kontaminant," *Australian Humanities Review* 50: 119-136.
Tsing, A. (2015) *The Mushroom at the End of the World: On the Possibiling of Life in Capitalist Ruins*. Princeton Uiversity Press.
Van Dooren Thom (2010) "Pain of Extinction: The Death of a Vulture" *Cultural Studies Review* 16 (2): 271-289.

13. 他　性

キーワード：共約不可能性、異邦人的概念、民族誌理論、比較、多文化主義

　人類学という学知は窮状にある。とりわけそれは、主たる分析概念を哲学分野に頼る状況にあきらかである。このような状況診断のもと、2011年、「民族誌的理論」のための学術誌として『ハウ（HAU）』が創刊された。この雑誌を発起したデヴィッド・グレーバーとジョバンニ・ダ・コルによれば、現在の人類学は創設期の人類学とは逆転した関係にある。つまり、トーテム、ポトラッチ、タブーなどの現地の諸概念が他分野に影響を与えていた時代は終わったのである。彼らによれば、今日の人類学が置かれた状況をつくりだす要因の一つは、次のジレンマにあった。

　創設期に比べれば西洋の権威が落ちる一方で、西洋外の世界をめぐる知は複雑化している。その状況下で展開した1980年代からの人類学の自己批判は、旧来の人類学の全てが西洋中心的なものだと他分野から見なされることを導く、という思いもしない帰結をもたらした。こうして批判的な議論の枠組が、哲学分野によるものに移っていく。ただそれらの議論では、西洋の概念史を遡るかたちで批判が展開されることはあるが、西洋外の諸概念が批判の道具に用いられることは少ない。現代の民族誌が批判的であるために、それらに記述・分析概念を頼るようになればなるほど、民族誌的事象は概念的意義が認められない対象という位置づけにはまり込んでゆく。

　こうした状況を打開することを念頭に、『ハウ』誌は「あらゆる民族誌的洞察の理論的潜勢力を受けとるように呼び掛ける」ことを狙っている。彼らの提唱する「民族誌理論」は、「異邦人的概念（stranger-concepts）」を、その異型同義語を自らのうちに探し出すような仕方で理解し、異なる世界のあいだに調和を打ち立てるよりも、それを同型異義語のように理解することに重きを置く。同じ語のあい

だにずれが生じるように考えを導くことによって、従来の概念や理解に変化をもたらす批判の余地が生まれるからである。ひとことで言えば、他性を批判的思考と結びつけるような思考を展開しよう、というよびかけなのである。

　もっとも、こうした問題意識のもとに学術誌が組織可能である事実が示すように、他性を批判に結び付ける試みが、人類学に不在であったわけではない。『ハウ』の創刊以前から、現代の人類学とっての他性という論点の重要性は論じられていた。実際にグレーバーたちも、「民族誌理論」の再建をめざす動きはひとつの名を持たずに個別になされてきたものだと見なしている。そのひとつに、エドゥアルド・ヴィヴェイロス・デ・カストロによる「取り違え」の議論も挙げられている。人類学という知を活性化するために、他性に改めて関心が向けられている点は、雑誌名とその独特な取り組みにも象徴されている。「ハウ」とはマオリの概念であり、マルセル・モースによる『贈与論』においてもそのまま用いられている。また、『ハウ』では人類学／民族誌の古典的論考が再録されてきた。ここにあるのは、民族誌とは、書かれるものであるだけでなく読まれるものであるという理解だろう。もちろん読み解かれるのは、記述によって対象を表象する著者だけではなく、自分たちの思考を触発する「異邦人的概念」、さらにはそれらを生み出す人の営みなのである。

　2001年に『人類学年報（Annual Review of Anthropology）』誌に掲載されたエリザベス・ポヴィネリによる論文の主題は、「根源的他性」であった。この論点は、自由主義社会における「共約可能性」という問題において争点になる。まずポヴィネリは、完全に異なる解釈や意見が「共約可能」になる仕方がいかに理論化されているのかを問うために、言語人類学における成果を取り上げる。そこでは、一見すると純粋に言語学のように思われる文法・言語的な問題であっても、社会関係の権力性と結びつくことがある。その権力関係によって問題そのものが規定されることがあるのを踏まえ、ポヴィネリは自由主義哲学に基づく社会的な「共約可能性」を作り上げる方法・議論を問題化する。それら議論による「共約可能性」の創出には、一方の世界に合うように他方を矯正する可能性がある。多文化主義における「承認」もその一つと言えよう。同時代に見られる共約可能性にはこうした限界がある。そこで、他性をめぐる人類学的研究——ムンバイの街

路居住者、キリスト教原理主義者やイスラーム原理主義者、クイア活動家やブラジルにおける先住民権利活動家に関する人類学などが参照されている——が、自由主義の「影にある根源的世界」に向き合うには、矯正に至る可能性を秘めた「共約可能性」にも批判的に向き合う必要性がある。他性を論じるには、それが見られる人びとのみならず、彼らを取り巻く状況、それもわれわれがその一部であるかもしれない状況に目をむけなければならない、ということが提起されている（Povineli 2001）。

ポヴィネリは「根源的他性」という論点を、自由主義が広まる20世紀末の同時代的状況を踏まえて見出しているが、同じことは、ヴィヴェイロス・デ・カストロによる議論にも当てはまる。彼によるアメリカ大陸先住民のパースペクティヴィズムの議論にも多文化主義批判という性格がある。20世紀末には、批判的な思考を導くためには、多文化主義的承認とは違う仕方で他性を考えなければならない状況が、いくつもの場所にあったのである。

「共約不可能性」という論点は、『ハウ』の創刊号の序文でもとりあげられている。「民族誌的理論」のために求められるのは、フィールドにおいて即座には理解できない「過剰」の「民族誌的翻訳」である。その翻訳は「共約不可能性」から無縁ではないが、必要なのはロマン主義的に「文化的共約不可能性」を述べることではない。「言語学的共約不可能性」を受け入れた「翻訳」を試みることである。その共約不可能性を受け入れることから、「比較不可能性ではなく生成途上の比較可能性」が生じる余地が開かれる。これは、「共約不可能性」に対する矯正がその延長線上にあるような他性に対する態度とは、決定的に異なっている。

しかし、現代人類学全般に共通するような、他性に対する感性があるわけではない。例えば、グレーバーはヴィヴェイロス・デ・カストロらに代表される「存在論的転回」を批判する論文で、次のように述べる。「私はある現実に対して（少なくとも部分的に）共約不可能な理論的パースペクティヴが多様性豊かに展開するのに価値を置くが、実在がそれらのいずれかに完全に包囲されることはない、と信じている」（Graeber 2015:31）。グレーバーにとって根源的他性とは完全に把握されない実在であり、議論の射程の外に留まる。対してヴィヴェイロス・デ・カストロの議論を肯定的に受け取るガッサン・ハージは、根源的他性を通した批判的人類学について語る。ハージはその他性と

いう可能性にわれわれをさらすことで「われわれの生に力を創りだす」こと、他性をわれわれの世界にとり憑かせるのが、現代的な人類学の批判であると述べる (Hage 2015)。こちらでは他性には、われわれを矯正とは異なる仕方で変える力が期待されている。

ルーカス・ベシーレは、南米・パラグアイの先住民が直面する外部社会との接触状況のもとでは、存在論的他性、つまり共約不可能性に注目する議論は、彼らの現状を喪失状態として否定的に捉えることにつながり、現実の批判にならないと述べる (Bessire 2015)。一方で、マリオ・ブラゼルやマリソル・デ・ラ・カデナらは、資源開発や環境保全という現代的な状況を問題化するために、根源的他性が有効であることを示している (Blaser 2010; de la Cadena 2015)。

「共約不可能性」を引き受けるならば、それとどのような関係をつくるのか。現代の人類学が直面するこの問いに、一般化できる解答があるだろうか。人類学が対象に設定する状況は従来よりも複雑になっている。その状況を生きる人びとについて考え、そこに生じる他性を受け止めるには、対象にしている状況の理解と見立て、つまり、「診断」がかかせない。それぞれの状況において他性とともに考えられた議論をそう受け止めるなら、そこには多角的な読解が求められるであろう。どのように共約不可能性に向かうのか、それぞれの向き合い方には何が賭けられているのか。そうした問いとともに、積み重ねられている議論と「対話」を重ねることに、人類学がより豊かになる可能性があるかもしれない。(近藤宏)

→ 03. 存在論をめぐる論争、04. パースペクティヴィズム、05. 今日の民族誌

Bessire, Lucas (2015) *Behold the Black Caiman: A Chronicle of Ayoreo Life*. The Chicago University Press.

Blaser, Mario (2010) *Storytelling Globalization from the Chaco and Beyond*. Duke University Press.

de la Cadena, Marisol (2015) *Earth Beings: Ecologies of Practice across Andean Worlds*. Duke University Press.

Greaber, David (2015) "Radical alterity is just another way of saying "reality": A reply to Eduardo Viveiros de Castro," *HAU: Journal of Ethnographic Theory* 5(2): 1-41. (以文社より刊行予定)

Greaber, David and Giovani da Col (2011) "Foreword: The return of ethnographic theory." *HAU:Journal of Ethnographic Theory* 1:vi-XXXV.

Hage, Ghassan (2015) *Alter-Politics: Critical Anthropology and the Radical Imagination*. Melbourne University Press.

Povineli, Elizabeth(2001) "Radical worlds: the anthropology of incommensurability and inconceivability," *Annual Review of Anthropology* 30: 319-334.

Viveiros de Castro, Eduardo (2016) *The relative native*. Hau book.

14. 野生の思考とポケモン

キーワード：野生の思考、科学的思考、ポケモン、贈与、人格

　クロード・レヴィ＝ストロースは『野生の思考』において、科学的思考に比べて劣った知性の産物とされてきた呪術や神話のなかに、人類文明の基礎をなす思考様式たる「野生の思考」を見いだしている。近代科学の基礎には、色や味など人間が感覚する対象の特徴（二次性質）ではなく、運動や個数といった数学的に把握される特徴（一次性質）を重視する発想がある。だが、野生の思考は、人々の感覚的経験に基づいて対象を分類する構造を作りあげる。例えば、「キツツキの嘴に触れれば歯痛がなおる」という呪術的実践において問題なのは治療の実効性ではなく、キツツキの嘴と人間の歯を一つに括ることで世界に秩序を導入することだと彼は論じている。数学的構造に基づいて科学的発見や技術革新という出来事を生みだす科学に対して、野生の思考は感覚的経験を伴う出来事に基づいて認識の構造を作りあげるのである。

　さらに、科学的思考は、観察する人間（主体）とは切り離された客観的な存在（客体）として自然現象を位置づけるが、野生の思考において人間（主体）と自然（客体）は互いに互いを含みこむ。例えば、自他の集団を自然種と結びつけるトーテム信仰は、自然の擬人化であると同時に人間の疑自然化でもある。つまり、自然種間の差異が人間集団間の差異に基づいて把握されると同時に、自然種間の差異に基づいて人間集団間の差異が把握される。

　レヴィ＝ストロースは、近代においても芸術などの領域において野生の思考が展開されてきたと述べる。では、私たちが生きる現代において、野生の思考はいかに見いだされるだろうか？

　中沢新一は『ポケットの中の野生——ポケモンと子ども』の中で、現代に息づく「野生の思考」の最良の例としてゲーム『ポケットモンスター』（以下『ポケモン』）を分析している。『ポケモン』は、1996

年の第一作『ポケットモンスター 赤・緑』から2016年の『サン・ムーン』まで七つのシリーズが発売されており、累計売上げ本数は全世界で2億本を超える。ゲームの新作と連動するかたちで1997年から放映されてきたアニメ・シリーズ、20周年を迎えたカードゲーム、無数のキャラクター商品、社会現象ともなったアプリ『Pokémon GO』を含め、累計市場規模は6兆円以上とされる。

　本作のデザイナー田尻智は、少年期に培った「虫取り少年」としての経験をもとに『ポケモン』を開発した。例えば、第一作から登場するポケモン「ニョロモ」は、田尻少年がよく観察したおたまじゃくしの、腸がみえるほど透明なお腹から発想されている。中沢によれば、こうした感覚的特性に基づいて造形された百数十種の（シリーズ全体で900種を超える）ポケモンによって、草むらや湖から様々なモンスターが飛び出してくる『ポケモン』のゲーム世界は、「流動的な生命の流れのなかに非連続的な切れ目を」いれるものとなる。感覚的経験に基づいて造形されたポケモンたちは、子どもたちの自然に対する感受性を刺激し、感覚的経験に基づいて世界に秩序をうみだす「野生の思考」を活性化させていく。

　さらに中沢は、通信機能を用いたポケモンの交換に注目する。他のプレイヤー（「ポケモン・トレーナー」）にもらったポケモンには元のトレーナーがつけた名前やトレーナー自身の名前が表示される。他人がつけた名前は変更できない。こうしたゲームデザインのなかで、もらったポケモンにはそれを育てたトレーナーとポケモンとの関係性が付着し、ポケモンを通じて様々なトレーナーの「人格」の一部が回り続けるという、マルセル・モースが『贈与論』で論じたような運動が生みだされていく。自ら育てたポケモンはトレーナーから切り離された客観的な対象ではない。そこでは、ポケモンがトレーナーの人格の一部をなすと同時にトレーナーの人格の一部がポケモンに含まれるような、主体と客体が互いに互いを含みこむ関係が生みだされる。

　『ポケットの中の野生』は、アニメ『ポケモン』が始まった1997年に出版されている。中沢自身、ポケモンが資本主義に回収され「ほんもののモンスター商品」となっていく気配のなかで、あえてそれに背を向ける「アイロニカルな牧歌性」を込めた著作だと、文庫版あとがきに綴っている。では、そこから現在までの約20年間において『ポケモン』をめぐる野生の思考はいかなる変化を遂げていったのだろう

か？

　まず、田尻ら開発者の「虫取り少年」としての経験の再現というかたちで『ポケモン』を捉える中沢の議論は、彼らがアーケードゲームを基盤から解析して攻略できるような熱狂的なゲーム少年でもあり、先端テクノロジーに強い関心を持ち続けてきた人々でもあるという点にあまり焦点を当てていない。例えば、『ポケモン』のゲーム世界に配置された町には、ポケモンセンター（以下「ポケセン」と表記）と呼ばれる施設がある。プレーヤーは「ポケセン」のパソコンに手持ちのポケモンを保存することができ、他の町のポケセンのパソコンを使っていつでも手持ちに戻すことができる。2000年代末に普及したオンラインストレージに近い技術が、1990年代中期に発売されたゲームの内部ですでに実現されているのである。こうした技術は、ゲーム内に登場するキャラクターによってしばしば賞賛される。その代表的な例が、第一作で最初の町にいるキャラクターの「かがくの　ちからって　すげー！　いまは　パソコンつうしんで　どうぐや　ポケモンを　データにして　おくれるんだと」という有名なセリフである。ここでいう「科学の力」とは、レヴィ＝ストロースが野生の思考と対置した科学的思考の産物、感覚的経験において捉えられる事物（＝ポケモン）の性質を数学的に把握される一次性質（＝データ）に変換する技術に他ならない。ゲーム『ポケモン』の基礎にあるのは、様々な生態をもつ魅力的な生き物であると同時に操作し整理し編集できるデータでもあるというポケモンの両義性であり、この両義性を土台にして野生の思考と科学的思考の様々な結びつきが可能になっている。

　さらに重要なのは、中沢が専ら野生の思考の発露として捉えている「バトル」という要素だろう。レヴィ＝ストロースは、構造から出来事をうみだす科学的思考の範例としてフットボールなどの競技をあげているが、アニメ以降の『ポケモン』はまさにモンスターを操るトレーナー同士の競技（「バトル」）を軸にして個々のポケモンの魅力を高めていった。「より強い」ポケモンに人気があつまり、感覚的な分類は強さの階層性に覆い隠される。だが同時に、映画『ミュウツーの逆襲』に見られるように、バトルを否定しポケモンとトレーナーの関係を尊重する志向も強い。ゲームには、ポケモンを強化する「進化」をかわいくなくなるからといってキャンセルするキャラクターがたびたび登場する。レートバトル関連サイトでは、個々のポケモンが

数値(種族値・個体値・努力値)という一次性質に還元して徹底的に分析すると同時に自分の愛するマイナーポケモンがメジャーなポケモンに対抗できる論拠を示そうとする「育成論」が投稿される。感覚的経験に基づく相互包含的関係性は健在であり、ポケモンをめぐる野生の思考は、競技の階層性に対抗しながら時にそれを活性化させるという仕方で、科学的思考と複雑な関係を結んでいる。こうした関係性は、キャラ画像や写真やスタンプの感覚的特性に基づいて相互包含的な人格の連なりを生みだしながら、フォロアーや「いいね」の数が競われるSNS上のコミュニケーションにも見いだされるだろう。

レヴィ=ストロースは『野生の思考』の末尾において、20世紀中盤以降、コミュニケーションの科学と物理科学の探求が交わるなかで「野生の思考の原理の正当化とその権利の回復」がなされていくという展望を示している。彼の議論は、常に科学的思考との関係において野生の思考のあり方を探求するものであった。今日のポケモンもまた、現代に息づく野生の思考の最良の例であるだけでなく、現代において野生の思考と科学的思考がいかに関係し、相互に作用しうるかを考える上で重要な例だと言えるだろう。(久保明教)

> → 02. レヴィ=ストロースの構造主義、07. 対称性人類学、09. 自然/人間、35. 虚構と実在、36. シンギュラリティ

レヴィ=ストロース,クロード(1976)『野生の思考』大橋保夫訳、みすず書房.
中沢新一(1997)『ポケットの中の野生——ポケモンと子ども』岩波書店(新版は(2016)『ポケモンの神話学:新版 ポケットの中の野生』角川新書).
アリソン,アン(2010)『菊とポケモン——グローバル化する日本の文化力』実川元子訳,新潮社.

15. エドゥアルド・コーンの諸自己の生態学

キーワード：『森は考える』、パース、記号過程、生命と思考、人間的なるものを超えた人類学

　あるものが誰かに対して何かを意味することを「記号過程」と呼んだのは、チャールズ・サンダース・パースである。ここで言う「誰か」とは、必ずしも人間ではない。人間だけがそうした記号過程を理解し、経験するのではない。生きとし生けるもの全てが、記号過程の中にいる。

　森の中で、ヤシの木の倒壊する音は、樹上にいるウーリーモンキーに、危険が差し迫っていることを知らせる。ウーリーモンキーは倒壊音に生命の危険を感じて、飛び退く。そのことで命拾いし、生命をつなぐことができたのだとすれば、そこで言う「生命」とは、記号過程の結果である。また、その記号過程において「思考」していたのだとも言える。その点で、ウーリーモンキーもまた、私たち人間と同様に、精神を持つ「自己」なのである。『森は考える』（コーン 2016）の中で、エドゥアルド・コーンは、エクアドル東部のアヴィラの森で繰り広げられるそのような生命活動を、そこに住まう、人間をも含めた夥しい自己によって織りなされる生態学、つまり「諸自己の生態学」と呼んだ。

　パースの記号論の体系は、イコン、インデックス、象徴（シンボル）から成る。イコンとは、カメレオンが擬態して、周囲の自然に溶け込むことで表象されるような、類似性に基づく記号過程であり、インデックスとは、旗がはためいていることによって、風が吹いていることが表象されるという、指標的な記号過程である。象徴とは、結婚指輪が結婚の合意を表象するように、対象に恣意的に結び付けられる規約的な記号である。それらは全て「不在」に関わると、コーンは言う。

　記号過程の出発点は、差異に対する不在、イコンである。父親が

木を倒しながら息子に対して、「注意しろ、タ・タ」と発話した。タ・タとは、木を切り倒す音響イメージである。タ・タは、その音響イメージがその対象でもあるという意味で、イコンである。イコンは、タ・タという音響イメージと、タ・タが表象する出来事との間の「差異に対する注意の不在」によって意味をなす。

ヤシの木の倒壊音は、ウーリーモンキーにとって、インデックス的な記号である。インデックスは、それが気づかれるならば、解釈者を、ある出来事とまだ起きてない出来事の間につながりを見いだすよう促す。インデックスは、「不在の未来」についての情報を与える。

象徴は、人間に特有の表象の様式である。象徴は、他の同じような象徴と体系的に関係しつつ、恣意的、規約的に、その対象を指示する。「イヌ」という単語のように、規約に基づく記号によって対象を指示する。その音韻的な質は、「その他の音韻の不在」から恣意的に選び出されたものである。象徴もまた、不在との関係によって成立する。

差異に気づくことが「ない」ことから生じる「イコン性」、いまだに存在「しない」ものについての予言を含む「インデックス性」に対して、「象徴性」においては、発話された語の意味は、発話において「ない」ものによって意味が生じる。そのようにして、記号過程は全て、不在によって意味が与えられる。

不在を出発点として、不在に向けて、さらには、不在との関係によって記号過程が作動し、その結果として、精神や自己が生じる、というのが、諸自己の生態学の主要動態である。コーンにとって、「生ある自己」とは思考する存在のことであり、自己には、人間と人間以外のすべての生きものが含まれる。

巨大な昆虫ナナフシを取り上げてみよう。「ファスミド（幽霊のような）」というナナフシの学名は、その虫が、周囲に溶け込む幽霊のような存在であることを示している。それは、捕食者に対するナナフシの擬態に他ならない。トリなどの捕食者が、ナナフシと小枝を見分けて、ナナフシを捕食対象として認識したのなら、ナナフシは食べられたであろう。逆に、トリなどの捕食者がナナフシと小枝の差異に気づかなかった場合、ナナフシは生き残ったであろう。小枝と見分けがつかなかったために、食べられることがなかったナナフシの子孫の系統が、後世にまで生き残ったのである。イコンは、差異に気づかな

い（気づかれない）ことからスタートする。

　生命と思考は、ともに絡まりあっている。記号過程が、誰かに対して何かを示すことだとすれば、それは、生命のように成長するし、そのプロセスにおいて、自己が記号の中継点となる。自己が記号を受け取り、他なる自己に対して、新たに何かを表すというプロセスの中に、思考、すなわち、生なる思考がある。

　コーンによる記号過程の応用をめぐっては、象徴的思考が人間特有のものである一方で、イコンやインデックスが非人間と人間が共有する記号過程の属性であると捉えている点で、人間例外主義を再強化してしまうとの批判がなされている（Herrera and Palsson 2014）。つまり、人間と自然の二元論思考が乗り越えられるどころか、助長されてしまうというのである。しかし、イコン、インデックスと象徴、人間以外の有機体と人間に共有される記号過程と人間特有の記号過程は切れているわけではない。ここでは、コーンは、象徴は、イコンやインデックスから創発的に生じるという連続性の中にあくまでも議論を組み立てているという点だけを指摘しておきたい。

　諸自己の生態学において描きだされるのは、人間と非人間が諸々の自己として織り上げる世界における、関係のあり方に他ならない。その世界は、エドゥアルド・ヴィヴェイロス・デ・カストロが「多自然主義」と呼んだものに近い。多自然主義では、一方に、世界の中に住まう異なる存在の間の、身体に基づく配置から生み出される、多くの異なる自然がある。他方で、あらゆる自己が、そこに身を置くような、〈私〉のパースペクティヴがある。つまり、多自然主義では、それぞれの存在が〈私〉のパースペクティヴを持ち、自らが生きる、異なる自然を、文化として眺める。

　多自然的宇宙を方向付けるのが、「パースペクティヴィズム」である。パースによれば、あらゆる自己にとって、あらゆる経験と思考は、記号によって媒介されているため、人間どうしの間主観性も、種＝横断的な意思疎通も質的には同じである。全て記号過程だからである。イヌたちが捕食中に襲撃される前に何を考えていたのかだけでなく、コウモリであることはいかなることなのかについても、不可知論を超えて、私たちは知ることができる。思考が関わりあうプロセスに、自己が関与するからである。

　エクアドル東部に住むルナの人々は、物事をパースペクティヴ的

に捉える傾向がある。ある男は、川の岩の下に手を入れて素手でつかもうとするヨロイナマズが気づかないように、ショウガの一種の果実を砕いて手を濃い紫色に塗っていた。オオアリクイは、アリを騙すために、アリのパースペクティヴを取ると、アヴィラの森の住人たちであるルナは言う。アリクイがアリの巣に鼻をさし込む時、アリはアリクイの鼻を枝であると見て、それを登ってくる。その意味で、パースペクティヴィズムは、実用主義的である。人間も非人間も同様に、他の有機体が有するパースペクティヴに注意しながら、生態学的な課題を達成しようとする。その意味で、森の中の生命とは、パースペクティヴを持つ自己である。

諸自己の生態学は、パースとパースの記号論を生物学へと応用して「創発」を論じたテレンス・ディーコンに導かれて、人間的なるものを超えた場所へと、私たちの思考を連れだす試みである。人類学は、これまで、人間がつくり上げる世界の中で、人間の思考や行動を、「文化」という名のパッケージのもとに、切り取って描きだすことに精を出してきた。人間的なるものを超えた場所から人間について考えようとする、近年になって人類学にもたらされた見方が、人間のみを対象とする人類学のあり方を、いま大きく揺るがせている。(奥野克巳)

> → 03. 存在論をめぐる論争、04. パースペクティヴィズム、11. 自然の人類学、12. マルチスピーシーズ民族誌、38. 記号論と人類学

ディーコン,テレンス・W(1999)『ヒトはいかにして人となったか——言語と脳の共進化』金子隆芳,新曜社.
コーン,エドゥアルド(2016)『森は考える——人間的なるものを超えた人類学』奥野克巳・近藤宏監訳,近藤祉秋・二文字屋脩共訳,亜紀書房.
Herrera, Cesar Enrique Gíraldo and Gisli Pálsson (2014) "The Forest and the trees," *HAU: Journal of Ethnography Theory* 4(2): 237-243.

16. アナ・ツィンの民族誌

キーワード：普遍主義、周縁性、グローバル資本主義、偶然性、インタースピーシーズ

　近年、マルチスピーシーズ民族誌の中心人物のひとりとしても知られるアナ・ローウェンハウプト・ツィン（カリフォルニア大学サンタクルーズ校）の関心は、資本主義システム下で断片化された世界における生のあやうさや偶発性にある。これまで一貫して、認識論的な本質主義としての普遍主義とローカリティの接触領域で生まれる異種混淆的な実践、すなわち「グローバルなつながり（global interconnections）」を主題にしている。フェミニスト科学哲学が主張してきた「強い客観性」——すなわち、白人男性優位の科学専門家集団が生産する知識は「弱い客観性」に過ぎず、状況化された知識こそが客観性の尺度そのものを強化するという立場——がツィンの方法論のひとつであり、そのような観点から、昨今の「人新世」を取り巻く議論に新たな視座を与えている。ツィンの処女作『ダイヤモンド女王の王国にて——辺境地の周縁性』(1993)は、インドネシア・南カリマンタン州ムラトゥス山地ダヤクの政治的周縁／中心をめぐる日常実践を描いた民族誌である。1979 年〜 1981 年の長期調査をもとに執筆した本作で、ツィンは、スハルト政権の開発独裁体制下で中央集権化が進むインドネシア国家のマイノリティであるダヤク、なかでも最も周縁的な女性シャーマンであるウマ・アダンを民族誌の主人公に据える。彼女が祈祷行為を通じて国家統合のレトリックを模倣し、ジェンダーや民族アイデンティティにおける権力の非対称性を身体化する過程を克明に描いている。ツィンは、こうした模倣＝他者を身体化する行為が、植民地主義的支配にたいする抵抗の形態であるとするマイケル・タウシグの議論を援用する。パロディとは、アレゴリカルな批判作用をもたらしながらアイデンティティを脱自然化する行為であり、それによって再定義される周縁性を分析した。

ツィンの重要作のひとつが『摩擦——グローバルなつながりをめぐる民族誌』(2004) である。1980年代後半〜90年代のインドネシアは、日本をはじめとする多国籍企業の民間投資を誘引する資本集約型の政策によって国家の経済発展が推し進められていた。とりわけ世界市場向けの天然資源のひとつが熱帯雨林であった。ツィンは同国の熱帯雨林を、環境保全 NGO、伐採企業、政策立案者等による「ぎこちない関わり合い (awkward engagement)」が絶えず行われる辺境として位置付ける。すなわち、国家による新自由主義的な林業開発と海外企業による民間投資が推し進められ、やがて地元コミュニティの資源利用をめぐって「生物多様性」といった環境主義概念が介入するようになる。ツィンは、そうした異質な者同士のあわいが撹乱される「摩擦 (Friction)」に着目した。また、アルジュン・アパデュライのスケイプ論——グローバル市場経済による流動的で重層的、かつ乖離的な地景——を借りながら、同国の熱帯雨林が、プランテーションと違法伐採が横行する「資本の地景」となるだけでなく、繁栄・知識・自由といった概念が西洋の普遍主義的倫理のもと「観念の地景」として浸透する過程を分析した。さらに本作でツィンは、前述のウマ・アダンと共同作業で現地の植生を分類し、ムラトゥスにおける民族生物学について触れている。

　こうした複数種間の創発性への関心は、ムラトゥス山地の養蜂におけるハチ類-ヒト-蜜源植物の関わり合いを取り上げた『野生の栽培——東南カリマンタンにおける養蜂と森林管理』(2003) で顕著に見られる。ツィンは、資源利用における情動、価値形成、あるいはそこから生じる利益率をめぐる一連の議論にありがちな、非美学的唯物論（資源としての自然；商品化された自然）と非唯物論的美学（原野としての自然；エキゾチシズム化された自然）の二項対立的な陥穽を指摘する。その上で、住民と森の相互関係にもとづいた在来知によって、開発されるべき〈原野〉としての熱帯雨林を〈現れ〉として捉え直そうとしている。

　フェミニスト思弁的 SF を彷彿とさせる『世界の終わりのキノコ——資本主義下の破滅と生の可能性』(2016) は、グローバル資本主義経済下の暴力的な介入をめぐるマツタケの物語である。本作でツィンは、ダナ・ハラウェイの「伴侶種」の解釈を広げ、ヒトにとって親しみやすい愛玩動物だけでなく、それなしではヒトが生きていけな

いような自然世界のつながり、非人間の複数種間の共生・寄生関係といった、いわば周縁性の生態学を提唱した。ブルーノ・ラトゥール、ティム・インゴルド、エドゥアルド・コーンに代表されるポスト自然の人類学をマルチスピーシーズ民族誌として展開した。ツィンは、2004〜2011年にかけて、米国オレゴン州の採取活動、日本の里山再生プロジェクト、中国雲南州の新興ビジネス、フィンランド・ラップランドの栽培と、マツタケの商品化の過程をマルチサイテッドに調査し、マツタケ採取者、移民採取労働者、菌類学者、森林管理者といったヒト‐キノコ‐森の絡まりあいを追った。マツタケのコモディティチェーンにおける菌根類の生存戦略を考察し、人新世における普遍主義を再検討している。一例を挙げよう。マツタケの自生域に住むオレゴン州先住民クラマスの土地を没収した森林局は、彼らの慣習的な野焼きを踏襲することなく林業開発を行う。その結果、生育していたポンデローサ松が絶滅した。ここでツィンが指摘するのが、こうした破壊のロジックがときに種の相互的な働きを見落とし、人間例外主義に陥ってしまっている点である。実際、ポンデローサ松の代わりにコントルタマツが繁茂していることから、習慣的、季節的、世代的な変遷のなかで複数種がせめぎ合いながら偶発的に生じていると結論づけた。

　菌類が病原体や寄生菌になりながら複数種が絡み合う地景を描いた論文が「荒くれの境界——伴侶種としてのキノコ」（2012）である。前述の『摩擦』でも、ウマ・アダンとの交流を通じてキノコとヒトの複雑な関わりについて触れているが、本論文では穀物栽培における植民地プランテーションによって人種や再生産労働、ジェンダー、公衆衛生が規定される過程を分析している。例えば19世紀のアイルランドのジャガイモ飢饉は、収量の多い品種に偏ったモノカルチャー農法でジャガイモの遺伝的多様性と耐菌性が失われ、その結果生じた伝染病に端を発する。また、収穫したサトウキビの発酵を危惧した入植者は、プランテーションを通じて効率的な生産形態をとったが、副次的産物として糖蜜やラム酒が生まれるに至った。つまり、ドメスティケーションの歴史において最も周縁的な菌類が、偶発的に人間文化を形作ってきた点をツィンは指摘する。

　周縁的他者の範疇を人間以上（more-than-human）に広げ、種‐間（interspecies）の関係性を通じて人間を異化する方法論が複数種の人類学である。ツィンが着目するのは、放射能事故や環境破壊のナ

ラティブに付随する黙示録的なシナリオから抜け落ちた、生物文化的な希望や可能性である。昨今では、人文科学と植物学や遺伝学といった自然科学分野の横断的な共同研究により、ウィルスなど複数「種」に留まらない周縁的他者のエージェンシーが積極的に議論されつつある。1990年代半ばにジョージ・マーカスが提唱した複数の場の（マルチサイテッド）民族誌に加え、複数種の（マルチスピーシーズ）民族誌が行うパースペクティブのずらしによって、グローバルなつながりがより重層的に分析されている。（吉田真理子）

> → 09. 自然／人間、10. 人新世、11. 自然の人類学、12. マルチスピーシーズ民族誌、22. 粘菌

Tsing, Anna Lowenhaupt（2003）"Cultivating the Wild: Honey-Hunting and Forest Management in Southeast Kalimantan." In: Zerner, C. (ed.) *Culture and the question of rights*: 24-55. Duke University Press.
―― (2004) *Friction: An Ethnography of Global Connection*. Princeton University Press.
―― (2012) "Unruly Edges: Mushrooms as Companion Species." *Environmental Humanities*, vol. 1 (November 2012): 141–54.
―― (2013) "Sorting out commodities: How capitalist value is made through gifts." *HAU: Journal of Ethnographic Theory* 3(1): 21-43.
――(2014) "Blasted landscapes (and the gentle arts of mushroom picking)." in E. Kirksey (ed.), *The Multispecies Salon*: 87-110. Duke University Press.

17. 野生生物管理と人類学

キーワード:伝統的な生態学的知識、共同管理、在来知／科学知、獣害、再野生化

　野生生物管理は、人と動物の関係を重要な研究テーマとしてきた人類学にとって、古くて新しい問題を提起している。狩猟採集や牧畜を生業とする諸社会における人と動物の関係は、E. E. エヴァンズ＝プリチャード、メアリ・ダグラス、クロード・レヴィ＝ストロースといった古典的研究において取り上げられてきたし、今でもこのような流れを組む研究は生態人類学や宗教人類学において続けられている。だが、ラトゥールのアクターネットワーク理論によってよく知られるようになった科学技術の人類学、ポリティカル・エコロジーの影響が強い環境人類学など、新しいアプローチが登場するなかで、野生生物とその管理は研究トピックとして一段と重要度を増している。

　この流れには、自然環境をめぐるグローバルな動向が深く関わっている。1992 年のリオ会議以降、持続可能な発展が地球規模の問題として論じられるなかで、世界各地の先住民や少数民族がもつ「伝統的な生態学的知識」を資源管理に取り入れることが、生態系保全および社会的正義の両面から要求されるようになってきた。「伝統的な生態学的知識」をめぐる先行研究については、大村敬一の著書（2013）が詳しいのでそちらも参照してほしい。

　このような流れを受けて、カナダやアラスカのような北アメリカ北部では、狩猟採集を伝統的な生業とする先住民社会と州政府が共同で自然資源管理をおこなっている。現地の人々の声に耳を傾ける「共同管理」と言うと、非常に良いことのように聞こえるが、ポール・ナダスディ（Nadasdy 2003）によるカナダ・ユーコン準州のドールシープ共同管理に関する研究では、なかなか理想通りにはいかないことも指摘されている。現地にすむクルアネにとって、山岳地帯に生息するヤギの仲間であるドールシープは生存狩猟の対象であったが、スポー

ツ狩猟者を案内するガイド業者にとっても貴重な収入源となっている。クルアネの人々は、スポーツ狩猟者による狩猟圧が高まっているため、ドールシープが減ってきており、狩猟規制を設けようと州政府に働きかけた。

　ここから、野生生物の個体数をめぐる文化間のすれ違いが始まる。例えば、共同管理の趣旨に則り、クルアネと州政府に勤める科学者とが合同でドールシープの個体数調査をした際には45頭を数えたが、科学者はこの標本数では統計的に有意な結論は引き出せないと考えた一方で、クルアネは1日かけてこの数しか見つけられなかったことが問題であると考えた。クルアネは、「共同管理」があくまでも「科学」という土俵の上でおこなわれることにそもそも疑問を抱く。なぜ、生態学者がクルアネにヘリコプターでの個体数調査のやり方を教えることは「共同管理」と見なされるのに、生態学者がクルアネの古老と一緒に狩猟に行き、彼らの神話に耳を傾けることで人と動物の関係について考えることは「共同管理」と見なされないのか？ カナダ先住民がこのように思う背景には、ヘリコプターやGPS発信器を用いた調査は、そもそも動物に対する非礼なふるまいであるという考え方がある。

　結局のところ、このプロジェクトの成果として出された答申書は、科学者にとっては「共同管理」の成功例と呼べるものであったが、クルアネにとって到底、満足の行くものではなかった。そのため、クルアネはまたしても非先住民によって騙されたと感じ、両者の溝は深まってしまった。ナダスディの研究は、北方狩猟民と動物の関係に関する古典的な研究を踏まえながら、科学人類学やポリティカル・エコロジーを理論的な枠組みに取り入れて、野生生物にまつわる知識をめぐるポリティクスを分析した点において高く評価されている。

　近年、アラスカ先住民社会において大きな社会問題となっているマスノスケ（キングサーモン）の減少問題では、ナダスディの議論とはまた少し異なった状況が生じている。アラスカ内陸部から南西部に向かって流れるクスコクィム川では、上流域にすむアサバスカン・インディアンと下流域にすむユピック・エスキモーが遡上するサケをめぐって大昔から緊張関係にあった。しかし、流域の諸集団と科学者、商業漁業者などが集う共同管理の会議において、上流域の見解が取り入れられて、漁業規制が強められた年がある。ナダスディは、クルア

ネと科学者の間での知識をめぐる相克に焦点化して議論を進めたが、サケ管理の場合、複数の民族集団が関わるため、「科学者と先住民」という二項対立では理解できない側面がある。

　また、社会「科学」者としての人類学者は、野生生物管理における傍観者というだけではない。共同管理において謳われる、在来知と科学知の統合には、人類学者自身もその過程の一部となっているという状況が生じている。私が通うアラスカでは、アラスカ州政魚類・猟鳥獣局に多くの人類学者が勤務している。生業課に属す、このような人類学者たちは、アラスカ先住民の村落に出向き、狩猟や漁撈における捕獲数や利用状況を聞き取ったり、現地に生息する動物や植物にまつわる伝統的な知識を記録したりしている。彼らが集めた情報は、上で述べたサケ共同管理のような場所での意志決定に用いられることを目的としている（近藤 2016）。

　　ここまでおもに先住民社会と科学者の交渉について扱ってきたが、野生生物管理をめぐる人類学的研究には、科学者にフォーカスを当てる場合も考えられる。エティエンヌ・ベンソン（Benson 2010）は、1960年代から2000年代にかけて、発信器を用いた追跡調査がアメリカの生態学者の間で普及・発展していくさまを描いた。野生生物の遠隔追跡調査は、1960年代には、冷戦下の中で衛星追跡技術の軍事利用と並べて語られていて、発信器による野生生物への悪影響を心配する科学者も少なくなかったが、1990年代以降には、一般の鳥類愛好家がインターネットを通じてアホウドリの現在位置を知ることができるようになるくらい当たり前の技術となっていく。

　日本の状況に目をやれば、人工林の拡大によって食物に困ったシカやイノシシといった野生生物が過疎化した農山村の近くにまで姿を見せるようになり、獣害が大きな問題となってきた。ジョン・ナイト（Knight 2006）は、絶滅した頂点捕食者であるニホンオオカミを、獣害問題を解決するために再導入するべきだと主張する団体の活動について報告している。失われた土地の生態系を復元させる「再野生化」（rewilding）と呼ばれる試みが世界各地でおこなわれており、生態学者が干拓の後で放棄された土地にコニック（馬）やアカシカを放したオーストファールテルスプラッセン自然保護区（オランダ）の事例が有名であろう（Lorimer 2015）。

　野生生物管理は、様々な人や生物の集団が出会い、発信器やヘリ

コプターのようなモノたちが集う場である。小論では、野生生物管理が、ポリティカル・エコロジーからマテリアリティ研究まで、さまざまな切り口で分析できることを示そうとした。「人と動物」の問題は、人類学の古典でもあり、最前線でもある。（近藤祉秋）

> → 03. 存在論をめぐる論争、04. パースペクティヴィズム、09. 自然／人間、11. 自然の人類学、47. 環境人文学

大村敬一（2013）『カナダ・イヌイトの民族誌——日常的実践のダイナミクス』大阪大学出版会

近藤祉秋（2016）「アラスカ・サケ減少問題における知識生産の民族誌：研究者はいかに野生生物管理に関わるべきか」『年報人類学研究』6: 78-103.

Benson, Etienne (2010) *Wired Wilderness: Technologies of Tracking and the Making of Modern Wildlife*. The Johns Hopkins University Press.

Lorimer, Jamie (2015) *Wildlife in the Anthropocene: Conservation after Nature*, University of Minnesota Press.

Nadasdy, Paul (2003) *Hunters and Bureaucrats: Power, Knowledge, and Aboriginal-State Relations in the Southwest Yukon*. UBC Press.

Knight, John (2006) *Waiting for Wolves in Japan: An Anthropological Study of People-wildlife Relations*. University of Hawaii Press.

18. ケ　ア

キーワード：医療人類学、苦悩、野生生物管理、テクノロジー、身体

　人は、その一生において、些細なものから深刻なものまで、あらゆる苦悩の限りを通過していくが、その間、苦悩を生み出し、また、苦悩が生み出す関係性のなかに囚われ続けている。そして、私たちはその拘束から決して逃れることはできない。仏教の専門家ではないが、四苦（＝生老病死）と因縁とはそういうことではないかと私は思う。

　倫理学者の加藤直克（2004：107）によれば、care のもととなった古英語 caru や cearu の原義は「談話、呼び声、叫び」であった。care（caru）は、「悲しみ」や「苦悩」という情念に関する用法を基本としながら、次第に「注意」「世話」「保護」「心配」という行為に関する用法が派生してきたとされる。この語義の変遷過程を踏まえながら、医療人類学者の浮ヶ谷幸代（2013）は、ケアが苦悩する他者にまなざしを向け、助けを与えようとする行為であるのみならず、ケアする者が苦悩する他者との関係性に巻き込まれていくことで、みずからも苦悩することを指摘した。「喜びが2倍に悲しみは半分になる」どころか、他者との交わりは「喜びも悲しみも2倍」にするのである。

　ケア概念は、生命倫理学や医療社会学、医療人類学において議論されてきた。ここでは、日本の医療人類学とは異なった観点からなされている近年の議論を中心に紹介したい。アネマリー・モルら編『実践におけるケア』は、医療人類学と科学技術の人類学との交差領域を模索した（Mol, Moser, and Pols 2010）。この論集において、ケアとテクノロジーの関係性が前景化する。彼女らによれば、これまでケアは非合理的で人間的な温かい領域、テクノロジーは合理的で非人間（機械）的な冷たい領域と見なされがちであったのに対し、両者は対比的なものではなく、むしろ、相補的なものであり、同じ枠組みのな

かで考えられなければならない。

　人々がモノを介して交わるとき、モノは人々の関わり方を左右することによって、私たちの「注意」を引き、「心配」しなければならない要素は更に増加する。この論集の寄稿者であるロペスら（López et al. 2010）によれば、スペインの自宅遠隔ケアサービス・オペレーターたちは、モニターや照明で埋め尽くされた「潜水艦の操縦室」のような閉鎖空間にいながらにして、安心を求める老人たちの声に電話越しで耳を傾ける。彼らはプロトコルに従って、利用者の状況を迅速にコード化し、必要があれば他の機関やサービスと連携することで「安全」を確保するが、ただ迅速で正確なコード化をおこなえばよいというわけではない。利用者に「安心」をもたらすためには、「間違って通報ボタンを押してしまった」と言ったあと、延々としゃべり続ける一部の利用者の心情を慮る「ケア」も同様に重要である。浮ヶ谷が描く医療専門家と程度の差こそあれ、このような遠隔ケアサービス・オペレーターもまたケアすることによって苦悩する存在になると考えられる。

　彼らの苦悩は、独居老人の「守護天使」である遠隔ケア・テクノロジーが媒介することによって把握しづらいものとなる。確かに認知症や精神病に苦しむ人々に臨床の現場で寄り添う看護師ほど、全人格的な関わりは求められないかもしれない。しかし、遠隔ケアサービスのオペレーターは、話の内容だけにとどまらず、声の様子や周囲の物音に耳を澄まし、以前の交信記録と照合させながら、何かに苦悩する老人たちの（直接口にはされないかもしれない）思いに寄り添わなければならない。

　また、人が家畜を世話し、菜園を見守るようになった太古の時代から、スマートフォンでペットのお留守番を確認できるようになった現代まで、ケアの対象が人だけに閉じられたことは一度もなかった。ノルウェーの人類学者マリアンヌ・リーン（Lien 2015）は、アネマリー・モルらの議論を批判的に継承して、ノルウェーのサケ養殖におけるケアを論じた。近代的なサケ養殖は、鋼鉄製の足場、サケを囲う網、サケの死骸を吸い込むバキュームや遠隔操作可能なカメラ、ペルーカタクチイワシが主原料となる飼料ペレットなどを通じて、水中を生活圏とするサケと陸上を生活圏とする人とが界面上において相互行為し、ともに生活する「住まい」（domus）を編むことによって可

能となった。

　この複数種的な「住まい」の維持は、刻々とかわる状況に敏感に対応する「ケアの与え手たち」の努力の賜物である。近年、ノルウェーの養殖サケが過密な状況で飼育されるに従って、サケジラミが寄生する頻度が高くなった。この対策として、薬剤を利用することもあったが、作業者に対して健康被害をもたらす可能性があるため、サケジラミの天敵であるベラ科の魚をサケと共に住まわせることで対処している。しかし、サケはその魚にとって天敵であるので、今度はそれに対して配慮する必要が生じる。そこで、作業者たちは黒いゴミ袋を小さく切って束ねたものを設置することで、サケジラミを食べる魚がサケから隠れることができる住まいを提供する。

　グローバルな自然＝文化ネットワークにおける「苦悩とケアの共同体」は、際限なく広がっていく。ノルウェーのサケ養殖にまつわる法整備の結果、サケは陸上にすむ家畜と同じように「できるかぎり苦しまないように」屠畜されるべき「動物」となった。法整備が「苦しむサケ」を生み出したのだ。サケジラミは、海洋に移動する天然サケの稚魚にとって、生存に関わる危険である。ノルウェーから技術移転されたタスマニアのサケ養殖場では、絶滅危惧種のオーストラリアオットセイが養殖所の網越しにサケを補食し、大きな経済被害をもたらしている。私たちが普段食べるサケは、複数地域における複数種からなる「苦悩とケア」の産業複合体が生産したものである。

　非人間のケアをめぐる近年の議論は、人間のケアを扱ってきた医療人類学の議論と接続する可能性もありうる。例えば、浮ヶ谷（2013: 404）によれば、「苦悩が生まれるところにこそ現場に即した対処の術が創意工夫される可能性がある」というが、前述したサケジラミ対策をめぐる一連の実践を考えると、それはそっくりそのままサケ養殖にも当てはまるように思われる。医療人類学者の武井秀夫（2009）は、他者への応答性をケアの基盤として考える立場から、ケアが生成したり受容されたりする「場」に着目することの重要性を指摘した。武井の議論を敷衍すれば、利用者が語る言葉をコード化しながら同時に語られない思いも汲み取ろうとする遠隔ケアサービスのオペレーターとサケがペレットを食べる様子をつぶさに観察してサケの健康状態を診断する養殖所の作業者は、「ケアする身体」の「状況におかれた」訓育と発動という観点から、同じ地平線上に理解しうるものとなる。

このようにケア概念は、医療人類学・社会学における鍵概念として盛んな議論の対象であり続けていながら、同時にテクノロジーと人のインターフェイスを含めたマルチスピーシーズ人類学的な探求における導きの糸として編み直されつつある。「ケア」は非常に融通無碍な概念であり、「苦悩」「テクノロジー」「暴力」「殺し」といった言葉と表裏一体の関係性を保ちながら、人間と非人間の分断を易々と飛び越えていく。（近藤祉秋）

→ 09. 自然／人間、12. マルチスピーシーズ民族誌、17. 野生生物管理と人類学、21. 生命

浮ヶ谷幸代（2013）「医療専門家のサファリングとその創造性——患者、利用者、依頼人との距離感という困難を超えて—」『文化人類学』77(3): 393-413.
加藤直克（2004）「ケアとは何か：クーラ寓話を手かがりとして」平山正実、朝倉輝一共編『ケアの生命倫理』: 105-126, 日本評論社.
武井秀夫（2009）「ケアを考える」『人文社会科学研究』19:1-17.
Lien, Marianne Elisabeth (2015) *Becoming Salmon: Aquaculture and the Domestication of a Fish*. University of California Press.
Mol, Annemarie, Ingunn Moser and Jeannette Pols (2010) *Care in Practice: On Tinkering in Clinics, Homes and Farms*. Transcript-Verlag.

19. 捕　食

キーワード：暴力、姻戚、アマゾニア、アイデンティティ、ネイション

　捕食。動物行動を思わせるこの語を人類学用語に取り入れていった議論に、次の二つを挙げることができる。ひとつは、アルジュン・アパデュライのグローバリゼーション論におけるアイデンティティ概念としての捕食性である。もうひとつは、エドゥアルド・ヴィヴェイロス・デ・カストロ以降のアマゾニア民族誌学における関係概念としての捕食である。

　まずはアパデュライによる議論を見てみよう。「集団が自らのアイデンティティを社会的に構築し、またそれを動員するために、それ自身に近接するほかの社会的範疇を抹消しなければならないようなアイデンティティ」のことを、アパデュライは捕食性アイデンティティと呼んだ。その典型例は第二次大戦中のナチスであるが、インドにおけるヒンドゥー教徒がイスラームへの攻撃を正当化する際にも同じタイプのアイデンティティを見ることができると彼は言う。後者の場合、ムスリムをテロリストと呼びながら、そのカテゴリーの殲滅を成し遂げようとすることに対して、自己画定するというわけである。

　アパデュライによれば、こうしたアイデンティティはマジョリティ集団が抱くことが多い。とりわけマジョリティとネイションという集団が一致していない状況で、「不確実性の不安」をマジョリティが抱くようになった時に生じる。マイノリティに対する恐怖という感情が醸成されると、その社会的カテゴリーを抹消する暴力を肯定しながら、自己画定がなされる。この議論で捕食が意味するのは、殲滅の力能をもつことなのである。

　アパデュライは、こうした捕食性が呼び起される条件を、少数者を本質的マイノリティ集団として規定することに求めている。マイノリティが本質的にマジョリティから区別される集団となることが意味

するのは、同質的なマジョリティから排除され続け、潜在的な脅威となる、ということである。併せて、マジョリティも自らの特性を本質化する。もっとも、支配者集団が数の上では少数でありながら、劣位にある集団の殲滅をめざすような事例が歴史上にあることをアパデュライは意識しており、数の大小が絶対的な指標というわけではない。むしろ、国家的社会のなかにある、ネイションとそれとは本質的に異なる集団との線引きこそが、捕食性アイデンティティを可能にする条件と理解できる。このアパデュライの議論は現代社会を対象化するひとつの視角だといえよう。

アマゾニア民族誌における捕食の概念は、アパデュライによる議論とは対照的である。アマゾニアに特有の関係性を概念化することを目的に展開された議論の成果を、彼らの先達であるクロード・レヴィ=ストロースはこう評している。「人間と神、友と敵、親類とよそ者といった対立物の蝶番をなすものとして南米の先住民によって考えられた姻戚の観念の批判的分析に基づいて、ブラジルの同業者たちが捕食の形而上学と呼びうるものを引き出すに至っているのには目を見張る」(Lévi-Strauss 2000:719)。つまり捕食とは、姻戚という古典的な親族関係の概念に結びついている。

アマゾニアにおいて姻戚とは、婚姻によって結ばれる関係だけを意味しているわけではない。姻戚という概念は、婚姻から解放されたかたちで関係性を思考するツールとして用いられており、死者、敵、動物、神々など他性を帯びた存在との間に生じる関係をも指示できる。たとえばアラウェテでは、「ティワ」という姻戚を指示する語は、見知らぬ白人、友人のほか、まだ姻戚関係は実現していないがその可能性が措定される者なども含まれる。さらには、殺した敵や神々などを指示する場合にも、同じ語が用いられる。

実際のところアマゾニアでは、婚姻が生じると両義的な状態にある人物との関係は血縁性を帯びるようになる。アマゾニアでは血縁とは暮らしを共にすることで育まれる関係性、つまり構築されるものなのである。婚姻により結びついた姻戚者との関係は血縁性を帯びてゆく。対して純粋な姻戚とは、婚姻による関係のない人格との間に生じるものである。それゆえに、姻戚とは外部性や他者性との関係であり、構築性と結びつく血縁性に先立つ、所与である関係性である。ただ先にも記したように、その他者とは必ずしも人間的な他者であると

は限らない。むしろ非人間的存在も、他性を帯びた存在であるがゆえに、それらとのかかわりは姻戚性を帯びることがある。

こうしたアマゾニア的な姻戚関係は、危険や暴力からは切り離すことができない。むしろ他性を帯びた存在との関係は、狩猟、戦争、首狩りやカニバリズムといった活動と親和的である。先のレヴィ＝ストロースの引用にあるように、これこそが、アマゾニア的捕食の特徴である。注意すべきことは、捕食とは単に暴力をむける対象として他性を帯びた存在を位置付ける関係ではない、ということである。他性を帯びた存在との関係には、外部の内化というべき事象が伴っている。ヒバロの首狩りやトゥピナンバにおける戦争では、敵の他性を自らが帯びることによる自己変容がもたらされる。アラウェテにおける戦士は、殺した敵の視点から見た世界をうたう歌を通して、戦士としての新たな自己になる。そこでは殺し手が敵という「他者への変成」を遂げている。つまりは危険な他者からの作用によって自己が生み出されるのであり、そのために不可欠な他者との関係性が捕食なのである。ヴィヴェイロス・デ・カストロはこうした他なるものとの関係の特徴を「他者の絶対的必要性」や「他者なき世界の思考不可能性」と表現している（ヴィヴェイロス・デ・カストロ 2015b）。

この点でアマゾニア的捕食関係は、アパデュライの記述する捕食性のアイデンティティとは正反対のものである。すなわち、アマゾニア的捕食とは、自らを規定するのに不可欠である他性そのものとの関係性であり、他者なき世界を志向することはない。

このほかにも、この二つの議論における捕食の意味するところの違いを、いくつかあげることができる。アパデュライによる、ネイションとその他者をめぐる社会的カテゴリーの問題に結びついた捕食性の議論では、他者は殲滅可能なものとして想像されており、捕食性アイデンティティのうちに自己画定できる集団は、殲滅という行為の動作主の立場に固定される。この想像力の機制のなかに、殺されたあとの他者の場所はない。対してアマゾニアの捕食では、殺された者とのあいだに生じる関係が問題になっている。敵の視点こそが自己を構成するというとき、自己は敵から作用を受けることによってはじめて成立するものとなっている。エドゥアルド・コーンは、犬歯がリクガメの甲羅に突き刺さって捕食できなくなって死んだジャガーが、遂に腐肉をあさるリクガメによって捕食されるという語りを挙げている。

彼が狩猟における捕食性を通して描き出したように、アマゾニア的捕食においては、関係性に備わる二つの立場は、その関係によって結ばれる二項のあいだで容易に反転する。つまり動作主の立場が特定の存在に固定されている状況を措定しない関係性が、捕食的関係性なのである（コーン 2011）。

　同じ語をめぐる二つの議論の差異に、何を見ることができるだろうか。ポストコロニアリズムと存在論的転回といった、人類学的における議論の潮流の変化であるかもしれない。しかし、それが全てではないだろう。ここには捕食という語のもつ多義性、その同型異義的な食い違いを見ることもできるだろう。現代人類学における「捕食」という語の使用は、二つの大きく異なる世界を結びつけている。他者との暴力性を帯びる関係性をめぐる異なる想像力のつながりをここに受け止めることによって、「敵とは殲滅されるべきものである」と考え、「その敵によってわれわれは傷付けられてはならない」と、行為の力能を本質化しながら自己画定するネイションの想像力のそばには、「敵を通してこそわれわれが変わる」と他者との関係性を求めるアマゾニアの捕食性があることを思い起こすことが可能になる。このように「異邦人的概念」を意識し、捕食という語が全く違った意味を持ちうる世界を思い浮かべることによって、他者との暴力性を帯びる関係性はネイションが思い描くものが全てではないのだ、と考えることができるようになるのではないだろうか。（近藤宏）

> → 03. 存在論をめぐる論争、04. パースペクティヴィズム、13. 他性、20. 可食性の人類学、32. 主権

アパデュライ，アルジュン（2011）『暴力とグローバリゼーション』藤倉達郎訳，世界思想社.
ヴィヴェイロス・デ・カストロ，エドゥアルド（2015a）『食人の形而上学――ポスト構造主義への道』檜垣立哉・山崎吾郎訳，洛北出版.
―――（2015b）『インディオの気まぐれな魂』近藤宏・里見龍樹訳，水声社.
コーン，エドゥアルド（2016）『森は考える――人間的なるものを超えた人類学』奥野克巳・近藤宏監訳，近藤祉秋・二文字屋脩共訳，亜紀書房.
Lévi-Strauss, Claude (2000) "Postface," *L'Homme* : 154-155 .

20. 可食性の人類学

キーワード：可食性、分類体系、タブー、料理の三角形、調理法

　地球上のあらゆる社会は、自然界に存在する野生の素材か、またはそれをもとに飼育・栽培した素材を用いて、何らかの食物をつくり出している。人びとは、これらを食べることによって、自らの生命活動を維持しなければならない。こうした素材の多くは、水やミネラルを除けば、もともと動物・植物・菌類といった生物の体組織の一部であったものだ。こうした食物を直接手に入れるか、購入するか、交換または贈与によって入手するかの違いはあるとしても、食の実践は生物を解体し、熱・煙・水・氷等によって変形させる過程と深く結びついている。すなわち、食料をつくり出す技術は、何らかの力（暴力）によって「生きもの」を「食べもの」に変換するための具体的な技術を伴っている、と考えることができる。

　人類はこのような技術を、狩猟・採集・農耕・漁撈・牧畜・醸造といった実践の中で受け継ぎながら、それぞれの文化的な可食性の基準に沿って、ユニークな料理の実践を編み出してきた。どのような素材を、いつ、誰が、どのように料理したら、食べられるようになるのか。そしてその料理は、どのような状況で、いつ、誰と、どのような作法で食べることができるのか。これらの基準は、社会集団のアイデンティティに関わる「可食性」の問いに結びついている。それは、個人の嗜好の総和以上のものであり、より強力な道徳的規範と結びつきやすい。

　そもそも何を食べ物の範疇と考え、何をそうでないとするかの判断は、その社会にとって重大な価値観の表出であり、ある社会を他の社会と分ける基準的コードにも転化しやすい。その背景には、文化的範疇を構成する、言語的な分類の水準が存在している。エドマンド・リーチの古典的な研究によれば、文化的な可食性の範疇は、①日常的に食べられる正常な食品、②通常は禁止されているが特別な機会に食べることを許されるもの、そして③言語や文化によって全く食べものとは認められない「無意識のタブー」の対象、という三つのタイプに分類できるという

（リーチ　1976）。この研究が発表された1964年当時、イギリス社会では、昆虫（蜂を除く）と爬虫類は食用とは考えることもできず、食用となる動物は魚か鳥か獣に限定されていた、とリーチは主張した。このうち、暗黙のタブーとなる境界領域には、蛇やカエルのような、分類の属性が曖昧な生物も含まれるという。こうした文化的態度は、たとえば珍味としてカエルの足を食べるフランス人に対して、心ないイギリス人が浴びせかける「カエル野郎」という蔑称や、ヒキガエルを魔女の使い魔と考える魔術信仰の背景をなす他者像の淵源である、とリーチは分析した。

　清浄性と汚穢をめぐるメアリ・ダグラスの議論もまた、リーチと同様に言語的・文化記号論的な分類学を検証するものであった。しかし、ダグラスは中央アフリカのバンツー系部族であるカサイのレレの研究において、その社会の分類法を逸脱する、センザンコウの秘儀という重要な祭儀を発見する。センザンコウは、魚のように「鱗のある動物」でありながら、木によじ登り、その形は爬虫類のようにも見える。だが、人間のように一度に一匹の赤ん坊を生み、しかも幼獣を母乳で育てるという性質を持っている。様々な生物を厳格に分類するレレの文化にあって、センザンコウは明らかに異例な存在で、日常的な食卓に上ることはありえない。センザンコウはレレにとって明白に「分類できないもの」なのである。レレは、宇宙論的な分類法を超えたこの例外的な生物をあえて殺し、その肉を共同の秘儀として食べることによって、単に胃袋を満たす以上の行為的次元に参入するのだ。

　この時、レレの例はリーチが想定した「②通常は禁止されている食べ物を食べる」という例の典型であるかのように見えるが、ダグラスが考察したレレの例ではむしろ、既存の分類法と可食性の枠を突き抜けることによって、象徴的秩序の根拠が疑問に付されている。しかも、レレの説明によれば、センザンコウはこうして若者に食べられるために、自発的に犠牲となるのだという。そのため、初めてセンザンコウの秘儀を体験するレレの若者は、まるでヨーロッパの「初期の実存主義者」のように、自分がそれまで自明のものとして受け入れてきた世界の根拠を問い、他者としての動物や自らの存在そのものを再考する機会となるのだとダグラスは考えた。こうして「可食性」の準拠基準を考察した時、ダグラスは存在論や種間関係を考察する現代人類学と非常に近い位置に立っていた、と言えるかもしれない。

他方、クロード・レヴィ=ストロースもまた、諸存在の起源が示される神話のうちに、正当化された可食性の基準を再び問い直し、それによって自分たちの文化秩序の根拠を揺るがす、創造的で危険なカオスとの干渉を見出そうとした。レヴィ=ストロースの神話研究は伝承された神話や料理法・食卓作法の検討を通して、生のもの／火にかけたもの／腐ったものをめぐる「料理の三角形」（食の根幹をなす無意識の構造）や、容器と料理、性と食、生殖と排泄、残り物と死者霊との関係、口と肛門を結ぶ消化器官のトポロジカルな位置づけ、食材となる生物種と宇宙全体との関係などを、大きくクローズアップすることになった。この時、可食性の範疇（「何が食べられるか？」）を問う比較研究から、食の起源論・調理技術・経済・宇宙論等を問う領域横断的な多元性の人類学へと、大きな転回が起こったのである。食の多元性を扱うアプローチは、その後イヴォンヌ・ヴェルディエによる「料理民俗学」(2009) に受け継がれ、「生きもの」である食材と「食べることのできるもの」に変形する家庭や季節毎に操り返される食のサイクル等について、緻密な研究が行われた（ヴェルディエ 2009）。

　レヴィ=ストロースが見抜いていたように、神話の中では「食べるもの（捕食者）」と「食べられるもの（被捕食者）」との関係はさまざまな種間関係の結節点を生み出し、異なる生存条件の間で交錯する形態学的コードや、諸生物のパースペクティブのコードへと容易に変換される。アマゾン北西部に暮らすマクナを研究したカイ・オーレンは、こうした観点を継承し、現地の人間が彼らの食糧となる動植物や、彼らが特別な存在とみなす捕食精霊との間で織りなす関係を「宇宙論的食物網」(cosmic food web) という概念によって理解しようとした (Århem 1996)。

　他方で、エドゥアルド・ヴィヴェイロス・デ・カストロは、人間と動物との共通条件は動物性ではなく人間性だとするアメリカ大陸先住民の思想を検討し、その背景に潜在的な人間性をもった動物を人びとがいかにして食物としているのか、という問題に迫った。人間性がさまざまな種の動物にも潜在しているとすれば、「食人」は野蛮な未開人の慣行ではなく、料理や食行為において不可避的につきまとい、文化的な秩序を脅かす危険な過程と理解しなければならなくなる。ヴィヴェイロス・デ・カストロはこの問題を「食人の形而上学」として反転し、可食性の問いを「食人性」の主題に変奏した。このように

食の人類学は、構造主義以後のさまざまな潮流が合流し、ローカルな食の実践と普遍的な食の思想が交錯する興味深い領域となっていったのである。(石倉敏明)

→ 02. レヴィ＝ストロースの構造主義、19. 捕食、21. 生命、38. 記号論と人類学

ヴィヴェイロス・デ・カストロ，エドゥアルド (2016)『食人の形而上学』檜垣立哉・山崎吾郎訳，洛北出版.

ヴェルディエ，イヴォンヌ (2009)『料理民俗学入門』中沢新一訳，くくのち学舎.

ダグラス，メアリ (2009)『汚穢と禁忌』塚本利明訳，ちくま学芸文庫.

レヴィ＝ストロース，クロード (2008)『神話論理 3　食卓作法の起源』渡辺公三・榎本譲・福田素子・小林真紀子訳，みすず書房.

リーチ，エドマンド (1976)「言語の人類学的側面——動物のカテゴリーと侮蔑語について」諏訪部仁 訳『現代思想』Vol.4(3), 青土社.

Århem, Kaji (1996) "The Cosmic food web. Human-nature relatedness in the Northwest Amazon." In Phillipe Descola and Gisli Pálsson(eds.) *Nature and Society: Anthropological Perspectives*. 185-204, Routledge.

21. 生 命

キーワード：生物学、動物霊魂論、動物機械論、生気論、機械の中の幽霊

　「生命」とはそもそも何だろうか？　通念的には、生命とは生物だけに固有の属性を指し、言い換えれば「生きているもの」と「命なき物質」を区別する基準となる性質のことである。近代的な生命概念が広く流通するようになる以前の時代には、西欧を含めて「霊魂」や「生気」の存在こそが生物の活力の源とされており、生命ある生物と生命なき物質の違いは、その霊魂や生気の有無に起因すると信じられることも少なくなかった。古代ギリシャや古代インドをはじめとして、生命は「息」や「呼吸」と同一視されることもあった。

　アリストテレスは、人間はもちろん動物や植物にも霊魂があることを主張し、彼の唱えた「動物霊魂論」と称される思想は古代から中世の西欧社会における一般的な思想であった。通念的には、動物霊魂論や生気論を排した近代的な生命観の興隆のきっかけの一つには、哲学者ルネ・デカルトの影響が大きいとされる。デカルトは『方法序説』において、いわゆる動物機械論を提唱したことで広く知られる。この動物機械論の思想においては、動物は人間と似たような心や理性（ないし霊魂や感情）を有する生き物という視点は後景に退き、むしろ心なき一種の自動機械であるかのような見方が強調されている。デカルトに言わせれば動物がときに示す行動の巧みさや正確さなどは、動物が精神や心を持つことの証拠にならないばかりか、むしろ動物が一種の心なき機械に過ぎないことを逆に証明しているとされる。その後、教科書的に言えばこの動物機械論は哲学者マルブランシュらによって、より通俗化したかたちで西欧社会に普及し、影響を及ぼしていった。

　しかしマクロな人類史を通じてみれば、こうした動物機械論的な発想はむしろ例外的（特殊西欧近代的）である。まず考古学的には、

先史時代を含む非西欧文化圏の各地の社会における動物の埋葬、アニミズム、トーテミズム等を挙げることができる。中石器時代では、当時の狩猟民にとって獲物である動物たちは畏怖の念をもって扱われ、仲間である動物たちは憧憬をもって扱われた。バルト海のスカテホルムの遺跡では自分たちの犬を社会の正式のメンバーとして認め、勇敢さを称えるために、彼らを戦利品と一緒に葬った（フェリペ・フェルナンデス＝アルメスト 2008:40）。

現代の狩猟民社会でもこうした感受性は決して失われていない。たとえばアマゾン川流域のアシュアル（Achuar）社会を研究した人類学者のフィリップ・デスコラによると現地では狩猟の対象となる動物は尊敬の対象である。さらに言えば動物も植物も人間と同じような魂を有する一種の「ひと」（person）であると見なされている。また西欧文化圏でも近代以前には、動物を霊魂や知能を備え交渉・対話可能な主体であることを認める系譜が存在したことも付け加えておきたい。例えば、かつてヨーロッパでは、いわゆる動物裁判と呼ばれる制度が存在した。中世と近代初期のヨーロッパでは、ヒトを殺した動物は、殺される前にたいていは、人間の殺人者に課されるのと同様の裁判を受ける慣行があった（フェリペ・フェルナンデス＝アルメスト 2008:55-56）。

こうした人間以外の動物と人間とのあいだに連続性を認める心性に断絶をもたらす契機の一つであったのがデカルト以降の「動物機械論」であることは先に述べた。しかしながら注意すべき点は、デカルトに始まる動物機械論は、その端緒からある種の両義性を含んでいたという事実だ。通念的にはデカルトの仮想敵はアリストテレスなどの伝統的な目的論や動物霊魂論に基づいた擬人主義的自然観であり、デカルトはそれに対して一切の擬人主義（人ならざる存在者に人としての属性を投影すること）的な理解や、目的論を排した機械論的自然観を確立したという解釈が広く信じられている。ところが、こうした「常識」に抗して科学史家のカンギレムは、生物に対する機械論的説明が目的論や擬人主義を排除するのは見せかけにすぎず、実は目的論や擬人主義を前提としていると主張する（カンギレム 2002:129-130）。そうだとすれば、デカルトに端を発する動物機械論と、いわゆる動物霊魂論や動物への擬人主義的な理解の対立という通念的な図式はいささか単純であると言わざるを得ない。

また現代の生物学では、DNA 構造の解明を契機に、生物を一種の自己複製する機械であるという、一種の機械論的な視点を撤退させたと通念的には想定されている。生物学者リチャード・ドーキンズの言い方を借りれば、生物とは「生存機械」に他ならず、生命の唯一のそして究極の目的とは、遺伝子のレベルで自己複製して存続していくことにあり、逆に個体とは遺伝子の「乗り物」に過ぎない云々……。しかしながら、興味深いことに、「生存機械」というドーキンズのメタファーは、遺伝子という物質をエージェント（行為主体）として設定するかのような語り口として捉えることもでき、その意味では機械論が排除した筈の生気論や擬人主義（いわゆる「機械の中の幽霊」）が暗黙の裡に回帰しているという側面を見て取れなくもない。

分子生物学を含む現代の生命科学の始点は、冷徹な機械論（物質還元論）に基づいて、生物とは非常に精巧であるが、一種の機械に過ぎないという視点を徹底化したが、逆にそれゆえにこそ、「生きているもの」と「命なき物質」の境界は、徐々に曖昧なものとなりつつあると言えなくもない。ウイルスや人工生命、脳死問題、AI（人工知能）やロボットといった例などを挙げるまでもなく、「生命とは何か」「生物と（生命なき）物質や機械ははたして何が違うのか」といった問いは、古くて新しい問題として現代的文脈のなかで再浮上しつつあると言えるだろう。（床呂郁哉）

→ 09. 自然／人間、18. ケア、22. 粘菌、36. シンギュラリティ

カンギレム，ジョルジュ（2002）『生命の認識』杉山吉弘訳, 法政大学出版.
床呂郁哉（2016）「野性のチューリングテスト」河合香吏編『他者』: 399-418, 京都大学学術出版会.
フェルナンデス＝アルメスト，フェリペ（2008）『人間の境界はどこにあるのだろう？』長谷川真理子訳，岩波書店.

22. 粘　菌

キーワード：南方熊楠、変形体、子実体、生命、生と死

　南方熊楠は、粘菌（変形菌）研究をライフワークとしていた。南方が書き残した日記には、粘菌を顕微鏡で検査したり観察したりするという意味の「粘菌鏡検」という文字が散見される。南方は、この植物とも動物ともつかない不思議な生命体を通じて、生命の本質に迫ろうとしていた。

　南方が研究した粘菌は、現在では厳密には真正粘菌とされている。そのライフサイクルは、実に奇妙で興味深い。以下では、まずそのライフサイクルを簡単に見ておきたい。

　変形体と呼ばれるアメーバ状の時期には、粘菌は、まるで動物のように微小生物（バクテリア等）を補食する。変形体は食胞（胃のようなもの）を持ち、そこで消化できなかった残りかすを体外へ排出する。変形体は、より良い環境と餌を求め、リズミカルに脈を打ちながら非常にゆっくりと動く。変形体の大きさは、さまざまであり、大きいものになると1mを超えることもある。変形体は、栄養を充分に蓄え、また環境条件が整うと、キノコ状の子実体に変態する。変形体から柄が伸び、その頭部（子嚢）には胞子が蓄えられるのである。そして、時期が来ると子嚢から胞子が放出される。風に運ばれ、やがて落下した胞子からは、アメーバ状細胞が這い出てくる。このアメーバ状細胞は、水分の多い条件の下では鞭毛を生じる。しかし、この鞭毛は水中を泳ぐためのものではなく、その役割はよく分かっていない。それぞれのアメーバ状細胞は、配偶子のような機能を持ち、お互いが出会うと融合し、さらに核分裂を繰り返し、大形の変形体に成長していく。

　粘菌には、我々人間の考えるような、始まりと終わり、生と死の単純な区別などはあてはまらない。南方は、友人の真言僧侶・土宜法龍に宛てた書簡の中で以下のように、この不思議な粘菌のライフサイクルを図示し、さらに生と死の在り方について述べている。

イの胞子破れて（胞子死）ロロ' 出でロロ' 合溶して（ロロ' 死）（ハ）となり（ハ）行動を止めて（（ハ）死）（ホ）に静止す（ハ死す）。扨ハは死に乍らホ全体は位置を静止するものの、其分子、原子は一部静止して土台ホとなり、他は行動して上へ上へと攀登（よじのぼ）りへとなり、へへ' の一体として生存暫時なり。但し全体は生し居るなれども、土台となりへ' 毬頭となりし分子は静定（死）す。（1902年3月25日付土宜法龍宛書簡）

南方は、この図を「絵曼陀羅」と述べている（通称「粘菌曼荼羅」）。ここで南方は、粘菌のライフサイクルにおける生と死の在り方を述べている。胞子の死（胞子が破れること）は、鞭毛を持つアメーバ細胞の生（誕生）であり、個々のアメーバ細胞の死とは、それが集まり合体することを意味し、同時に大形のアメーバ（変形体）の生（誕生）である。そして、やがて変形体は動くのを止め（変形体の死）、子実体が現れる（子実体の生）。つまり、胞子→アメーバ細胞→変形体→子実体というように生と死を繰り返し、そのたびに新しい形を成していくのである。さらに南方は続ける。

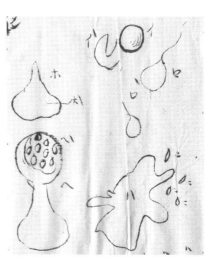

「絵曼荼羅」（通称「粘菌曼荼羅」）栂野尾山高山寺所蔵

　　細微分子の死は微分子の生の幾分又全体を助け、微分子の死は分子の生の幾分又は全体を助け、乃至鉱物体、植物体、動物体、社会より大千世界に至る迄みな然り。但し此細微分子の生死、微分子の生死、乃至星宿大千世界の生死

は一時に斉一に起り一時に斉一に息まず、常に錯雑生死あり。
（同前書簡）

　ここで南方は、新しい生があってこその死、死があってこそのつかの間の生、つまり、生は死をはらみ、死は生をはらむという在り方を述べている。生と死は単純に分離することはできない。まさに不生不滅、これが生命の実相であると南方は考えたのである。
　また南方は、別の書簡で、粘菌の生と死は、『涅槃経』に説かれている灯と闇との関係と同じであるとし、さらに、この世と地獄が鏡像のような関係にあるのと同じであるとも述べている。

　『涅槃経』に、この陰滅する時かの陰続いて生ず、灯生じて暗滅し、灯滅して闇生ずるがごとし、とあり、そのごとく有罪の人が死に瀕しておると地獄には地獄の衆生が一人生まるると期待する。その人また気力をとり戻すと、地獄の方では今生まれかかった地獄の子が難産で流死しそうだとわめく。いよいよその人死して眷族の人々が哭き出すと、地獄ではまず無事で生まれたといきまく。（1931年8月30日付岩田準一宛書簡）

　生命とは、灯として輝くと同時に闇として飲み込む二つのプロセスを内在し、絶え間なく運動し続ける。生という灯が消えると、その瞬間、同じ場所で、死という闇が生まれる。逆に生の灯が輝き出すと、その明かりで死の闇は消滅する。つまり、灯と闇は連続した現象なのだ。そして、生は死という否定的契機があって初めて成り立つ。逆も同じである。つまり、生命とは両者が統合されたものと言える。生と死の世界を簡単に分断することなどできない。それらは生命という一つの現象を示す二つの相として考えるべきなのである。そして、その現象の奥にある原理のようなものを南方は探求し続けていた。

　人が見て原形体といい、無形のつまらぬ痰様の半流動体と蔑視さるるその原形体が活物で、後日蕃殖の胞子を護るだけの粘菌は実は死物なり。死物を見て粘菌が生えたと言って活物と見、活物を見て何の分職もなきゆえ、原形体は死

物同然と思う人間の見解がまるで間違いおる。(同前書簡)

　南方は、観察者が「痰のような」一見無構造に見える原形体＝変形体が、実は生き生きと活動しているとは思わず、むしろ「死物同然」と思ってしまうことに対する注意を促している。しかし生命のプロセスを、ただ外側からだけ観察し、理解や推論を行うことは間違っているのだ。上述の言葉に表されているように、生命現象を観察する者の立場は絶対的なものではないという南方の姿勢は、外側に現れた現象と行動だけを観察し、判断を行ってしまっている科学至上主義に対する警鐘とも言えるであろう。南方は、粘菌を通じて、客観的な観察方法あるいは拘束された知性の介入しない新たな生命論を構築しようとしていたのである。
　南方の言説は、現代人類学あるいは科学人類学における内部観察者の議論にも大きな示唆を含んでいる。彼の学問は、菌類あるいは微生物への強い関心をもつ現代の人類学（例えば『発酵文化人類学』など）や、人間と非人間との関係性を探る「環世界」のパースペクティブをもった生態人類学を先取りするものでもあったと言えるだろう。
（唐澤太輔）

　→ 09. 自然／人間、11. 自然の人類学、21. 生命、23. 地域、25. 現代の民俗学

唐澤太輔 (2014)『南方熊楠の見た夢——パサージュに立つ者』勉誠出版.
中沢新一 (2006)『森のバロック』講談社学術文庫.
────(2016)『熊楠の星の時間』講談社選書メチエ.
萩原博光・山本幸憲監修、伊沢正名＝写真 (1995)『日本変形菌類図鑑』平凡社.
萩原博光・伊沢正名 (1997)『森の魔術師たち——変形菌の世界』朝日新聞出版.
南方熊楠 (2010)『高山寺蔵 南方熊楠書翰——土宜法龍宛 1893-1922』奥山直司・雲藤等・神田英昭編、藤原書店.
南方熊楠 (1973)『南方熊楠全集』第9巻，平凡社.

23. 地　域

キーワード：ローカリティ、環世界、集合的主体性、脱施設化／脱制度化、不確実性

〈地域〉は、地味でありふれたタームである。〈地域〉と聞いて何を思い浮かべるか。地域社会、地域おこし、地域医療、地域福祉といったところだろうか。そこでの〈地域〉は、市町村という行政区分とほぼ重なるような国家と個人の中間にある地理的範囲としてイメージされている。だが〈地域〉とは、実のところこの惑星が直面している文明史的な課題なのだ。アフリカをフィールドとする阿部年晴は、〈地域〉や地域コミュニティに関する議論が矮小化してしまう傾向があるのを乗りこえるために、時間的にも空間的にも大きく枠組みを広げ人類史のなかに置くことを提案している。すると見えてくるのは、人類のほぼ全史を通じて、社会の基本単位が住民同士互いに顔を覚えられるくらいの小規模な地域コミュニティだったという事実である。〈地域〉とは、大多数の人がそこで生まれ、成長し、結婚し、子供を育て、病んで、死ぬ場所、いわば「世界」そのものだったのである。それは、食料など生活必需品を手に入れるためのわざから、「ひと（person）」であるとはいかなることかを規定するような制度や価値観まで、まるごと自分たちの手で作り出してきた場なのである（阿部 2014）。

〈地域〉でこそ人間は「ひと」として生きることが可能だった。つまり〈地域〉とは、人が「そこで生きている」と感じられる場所であり、そこに住む者たちが相互扶助の絆で結ばれ「われわれ」という意識をもつにいたった群棲的トポスのことである。すると人類学者の多くがこれまで対象としてきたのは、人類にとって根本的な「生活の場」であるところの〈地域〉だったのだということが了解されよう。だが、そうした〈地域〉はいまや空洞化し、消滅しつつあるように見える。それは、社会的な諸機能の専門分化と専業化・分業化がすすん

だためであり、さらに近代の国民国家の成立にあたって、地域コミュニティを基盤に生きていた人々を切り離し、その上で「国民」という名の個人（individual）として垂直的に再統合していく動きがすすんだためでもある。そこに消費者としての個人を基調とする資本主義が重なる。そこでは商品の選択を通して自由の感覚が、選挙を通して政治的参加の感覚が与えられるが、こうした仕組みのおかげで多くの人が「自分は自由な個人である」という主観化を行うことが可能となった。だがそれは同時に自分たちの力能をある限定された形式と回路でしか展開することができなくなったということでもある。

　人類が培ってきた「生活の場」は、システムに寄与する労働力の最低限の再生産の場所、すなわち睡眠と性交のための部屋を中心とするプライベート（privato）空間に縮減されているが、ゾーニングされた居住専用地区に並ぶ規格化された住宅に住むことを欲する感性が当り前になっているところでは、何かが奪われているということにさえ気づくのは難しい。フーコー（1977）が「各個人を空間に配分する技術」と呼んだ建築の例は修道院や監獄や精神病院だったが、そうした空間的管理の技術はインフラとして埋め込まれ、すでに私たちの生活環境の一部となった。かつての〈地域〉はいまや居住施設、教育施設、医療施設、文化施設といった具合にカテゴリーに応じて全面的に施設化されている。したがって〈地域〉を考えるとは、近代化の名の下に展開されてきた、全面的であるがゆえに不可視のシステムについて考えるということなのである。

　例えばイタリアでは、精神病院が廃絶され地域精神保健の仕組みが作られたが、そのとき問題にされたのは、精神病院という施設から出るという脱施設化にとどまらず、施設化の論理自体を問うような脱制度化であった。それは、分断された状況下での個別的な治癒や社会復帰をめざすのではなく、生きていると感じることができるような「生活の場」をいかに集合的に創り出すかという批判的かつ実践的な運動としてあったのだ。その過程で気づかれたのは、「奪われている（privato）」のは集合的主体性であり、自分たちの手でまるごと世界を形作る力能であり、そうした力能を現働化しうる場としての〈地域〉だということにほかならない（松嶋 2014）。

　ただ注意すべきなのは、〈地域〉を近代化以前に存在したはずの実体的なものと想定すべきではないということである。アルジュン・

アパデュライ (2004) によると、ローカリティ (locality) としての〈地域〉は、近接性としての土地や空間自体ではなく関係的でコンテクスト的なものであり、〈地域〉そのものとローカルな主体の両方を産出する様々な実践の場である。この視座に基づくと、人類学者が扱ってきた儀礼や日常的実践に関わるローカル・ノレッジの大部分は、〈地域〉を様々な条件のもとで生産し再生産する技法についての知識として捉え直すことが可能になる。近代以前においても〈地域〉は本来的に瓦解しやすいもので、儀礼的・宇宙論的に再生産され続けなければならなかったのである。だからアマゾンのジャングルの不確実性のなかで「ひと」であろうとすることも、資本主義の不確実性のなかで「ひと」であろうとすることも、基本的条件は変わらない。実際アパデュライ (2016) は現代の金融を扱った近著のなかで、デリバティブをめぐる不確実性の考察を伝統社会における儀礼へと接続している。儀礼を通してエミール・デュルケーム的な全体としての社会は、その都度遡行的に作られる。金融取引において市場が遡行的に作られるのと同様に。こうして、自分がより大きな全体に属しているのだろうかという不確実性と、自分が神によって選ばれているのだろうかという不確実性は、過去からの伝統と未来における約束にかたちを変える。だが約束についての約束というデリバティブにおける約束の長い連鎖は、その長さゆえに不履行となるリスクを抱えこむ。この不確実性を確実性に変換するための一つの方法は、長い連鎖を切断し短い連鎖に置き換えることである。社会的連帯経済や地産地消に見られる動きは、こうした変換の例である。そこでは「顔」が見えることが、確実性の担保となっている。だが同時に、「顔」は不確実性を開く他者性のしるしでもある。ここに〈地域〉と不確実性をめぐる問いの運動が生み出される。

　ローカリティが、アイデンティティのような問いの立て方と異なっているのは、それがあくまで locus (場所) を手放さず、「顔」に現れるような身体性を切り離さないからであるが、そのことが不確実性と確実性をめぐって揺れ動く〈地域〉の独特の様態を示唆する。それは、ヤーコブ・フォン・ユクスキュル (2012) が生物を扱うなかで提唱した環世界 (Umwelt) が、人間においては緊密で隙間のない円環をなさず、脆弱でともすれば綻びる危険にさらされているという点に関わる。人間における弱さの意味は、人間の環世界が脆弱である

がゆえにこそ、それが開かれをもち、更新されうるということにつながっている。それは単に更新されうるというだけではなく、自然的な環境を超えうるものでもある。だからこそ人間は、例えば儀礼を通して神霊とのあいだに贈与交換関係を作り出すことで不可視の野生の領域を在らしめつつ、自らをそのような関係性のなかにある「ひと」として形作るのである（石井 2017）。

したがって、人間にとっての環世界としての〈地域〉は、決して人間だけが生きている空間なのではなく、人間の他に動物や植物、神々や精霊たち、さらには「幻聴さん」や死者たちが「生きている」場なのであり、そのなかでこそわれわれは「生きている」と感じることができるのだ。近代における社会や国家は生きた人間だけから構成されている。しかし〈地域〉はそうではない。こうした関係性のなかにある〈地域〉は、それゆえ国家と個人の中間領域なのではなく、数えることができる国家や個人との比較を絶した開かれたトポス、特定の地理的な範囲に限定されえない、不可視の領域にもつながる高次元のトポスなのである。このようなトポスとしての〈地域〉をいたるところに見出し、新たな回路を創り出すこと、そのことで「われわれの」という修飾を与えることができるような「世界」をシステムのまっただなかに現出させること、〈地域〉はそうした実践を導くパフォーマティヴな理念でもある。（松嶋健）

→ 18. ケア、29. 価値と倫理、32. 主権、46. 場所と創造性

阿部年晴（2014）『地域社会を創る——ある出版人の挑戦』さきたま出版会.
アパデュライ, アルジュン（2004）『さまよえる近代——グローバル化の文化研究』平凡社.
Appadurai, Arjun (2016) *Banking on Words: The Failure of Language in the Age of Derivative Finance*. The University of Chicago Press.
石井美保（2017）『環世界の人類学：南インドにおける野生・近代・神霊祭祀』京都大学学術出版会.
フーコー, ミシェル（1977）『監獄の誕生——監視と処罰』新潮社.
松嶋健（2014）『プシコ ナウティカ——イタリア精神医療の人類学』世界思想社.
ユクスキュル, ヤーコブ・フォン（2012）『動物の環境と内的世界』前野佳彦訳, みすず書房.

24. 岩田慶治のアニミズム論

キーワード：アニミズム、岩田慶治、正法眼蔵、相関主義、原風景

　アニミズムという言葉は、万物に霊（アニマ）が宿ると考える、原始的な精霊信仰を指す概念として、長い間用いられてきた。しかし今日アニミズムの世界観そのものを、西洋近代のそれとは異なる独自の存在論（Ontology）として再定義しようとする試みが、世界的に見られるようになってきた。たとえば現代フランスにおいてクロード・レヴィ＝ストロースの後継と目される文化人類学者、フィリップ・デスコラはアニミズムを、ナチュラリズム、トーテミズム、アナロジズムという、他の類型とならぶ有力な世界観の一つとして捉えている。

　デスコラによればアニミズムは、近代西洋の人間の世界観をあらわすナチュラリズムと、とりわけ対照的な性格を持つものだという。ナチュラリズムが人間の精神や諸文化を多種多様なものと考え、いっぽうで自然界そのものを客観的な法則に貫かれた一つの存在と捉えるのに対し、アニミズムの世界観では人類だけでなく、あらゆる生物や非‐人間がそれぞれに世界を価値づけるパースペクティヴの中心とみなされ、その意味で《人間》と同じであるとされている。またその反面、そこでは世界そのものはさまざまなパースペクティヴの数だけあり、複数的にあると考えられているのだ。ナチュラリズムが多文化主義で単自然主義であるのに対し、アニミズムは単文化主義（すべてのものが魂を持つ）で多自然主義なのである。

　たんなる文化相対論や、価値相対論による異質な文化の許容は、近代においてもポストモダンにおいても、盛んに行われてきた。しかしそうした相対主義そのものを転倒しないかぎり、近代的な世界観の延長でしか違う文化を理解することはできない。そればかりか、西洋や日本の文明についてすら、近代以前から続くその古層、その核心部分に迫ることはできないだろう。今世紀になって哲学者のミシェル・

セールは、デスコラの仕事を援用しながら、西洋文明そのもののうちにナチュラリズム以外の世界観が実際には色濃く残り、幾重にも絡みあっていることを丹念に跡づけた。このような態度は、アニミズム的な文化の上に、大陸伝来のさまざまな文化や、西洋からの近代文明を採り入れて形成された、わが国の文化を読み解くうえでも、大いに参考になるものだ。日本の文化のうちに歴史的に息づき、現代文明と混淆しているアニミズムの世界観を、西洋近代のそれと拮抗する《思想》として、いまいちど解き放つことはできないだろうか？

　こうした問題意識のもと、私たちがアニミズムについて、その機微や消息をあますず味得しようとするならば、フランス人のデスコラが考察したよりは、いっそうその世界観に内在したアプローチが可能であるはずである。

　戦前から戦後にかけての京都学派の学問の流れを汲む、特異な人類学者岩田慶治のアニミズム論は、私にとってその意味で、きわめて豊かな示唆を与えるものである。第二次大戦を生き延び、戦後京都の慈済院に下宿しながら道元の『正法眼蔵』を読みふける青年時代を送った岩田は、もともと地理学を学ぶなかでアレクサンダー・フォン・フンボルトの『コスモス』に強い影響を受けた。この書物は、地層の堆積や造山活動、気象、植物の水平・垂直分布などがすべて複雑に連関し合う、美しい秩序を持ったものとして、この世界を描こうと試みたものである。全一体としての世界、《コスモス》を捉えるという課題を、岩田はフンボルトから受け継いだ。禅仏教に対する深い理解と、《コスモス》への強い希求が、後に文化人類学に転じ、アニミズムの研究に進んだ彼の、出発点となったのは重要である。

　世界を全一体として捉えるために、フンボルトが『コスモス』において採った方法は、結局のところ相観学（Physiognomy）と呼ばれるものであった。それは自然現象が、複雑な層をなして折り重なり、関連し合っているさまを、手相を読むように読みとってゆくものだ。このとき全一体としての世界、集大成としてのコスモスに統一を与えるのは、それに対峙する人間である。言いかえれば、それはあくまでも人間の自意識のおよぶ限りでの、《はてしない全世界》なのだ。現代の哲学者カンタン・メイヤスーは、近代以降の哲学が、人間にとっての自然や世界、人間と関わり合う（相関的にある）限りでのそ

れらのみを考察してきたことを、鋭く批判している。たとえば人類以前からある世界から出発して、モノや世界を考え直すことはできないだろうか。彼のこうした立場は、相関主義批判と呼ばれ、21世紀の哲学に大きな問題提起を投げ掛けているが、岩田はフンボルトの《コスモス》のうちに、まさに相関主義的な限界をはやくも嗅ぎとっていた。そしてその限界を超え、真の《コスモス》を探求することが、彼の目指すところとなっていったのである。こんな話がある。晩年のフンボルトは、カメレオンを飼っていた。そして、ある時彼は訪問客に、このように嘆いたのだという。「私はカメレオンが好きだ。カメレオンは右の目と左の目を別々に動かすことができる。右で天を仰ぎ、左で地を見つめることができる。しかし人間にはそれができない」、と。《コスモス》と対峙し、それを眺める人間の自意識は特権的ではあるが、《コスモス》の外部に置かれざるをえない。そこでは同時に「天を仰ぎ、地を見下ろす」ような、複数のパースペクティヴを持つことは通常できないのだ。

　《地を見つめる》ことと、《天を仰ぐ》ことが共存・交錯してこそ、真の全一体、真の《コスモス》に至りうるのではないか。——岩田はそう考える。さらには《地を見つめる》ことを通じて、同時に《天を仰ぐ》ことをも実現することが、その学問では目指されるのだ。《地を見つめる》ことは彼にあっては、ローカルな《文化の内側》を観察することである。また《天を仰ぐ》ことは、その文化が《文化の外側》のパースペクティヴをも、同時に包摂していることへの気づきである。そのような複数のパースペクティヴの交錯・共存こそが、アニミズムの文化の特徴であると岩田は主張する。

　とはいえそうした交錯・共存とは、具体的にいかなる事態を表わしているのだろうか。《文化の内側》と《文化の外側》は、岩田によってしばしば、それぞれ《近景》と《遠景》という風にも言い換えられる。全一体としての《コスモス》は、その両者が重なったところに成立する《原風景》だというのだ。

　たとえばボルネオのイバンにおいては、稲の脱穀に使う立ち臼がそのまま楽器になっており、その音が彼らの日々の暮らしに求心力を与えている、と岩田は語る。《近景》、つまり《文化の内側》を形づくる力は、それ自体、モノないしは自然とともにある。——しかしその臼の音は稲魂を招き寄せるものでもあり、《文化の外側》にある自然

そのものへと、そのまま地続きになっている。日常生活のうちで、環境と私たちは不可分に融和しており、それが《近景》、《文化の内側》を形づくる。人とモノ、風景はそこではいわば鏡像的にある。しかしまた、その風景はさらに巨大な風景、自然ともおのずと繋がっている。主体⇔対象の関係は、主体を軸に重層、綜合されるのではなく、対象の世界、すなわち《遠景》を背景にしつつ、《近景》と《遠景》が融和した《原風景》=《コスモス》のうちに包摂されてしまう。いや、そうではない。《文化の内側》において、日常的に触れるモノや自然のうちに、すでに《コスモス》は生々しく脈打っていたのだ。

　鳥が空を飛ぶとき、鳥は空と一体である。しかしそもそも空は無限の空そのものと一体であり、「飛空の行履(あんり)はかるべからず」（どこまで飛び、どのように飛んだかは問題ではない）と、「坐禅箴」を解釈して道元は語る（『正法眼蔵』）。《近景》と《遠景》、そして《原風景》はまさにそのように結びついている。ありふれたモノや自然との対面の瞬間に、その場面そのものを包摂するさらに大きな《原風景》を直接感じること。その驚きとともに、近代の二元論を転倒し、あるいは呑み込むアニミズムの思考の本源に立ち戻り、さらには全一体としての世界の懐にふたたび抱かれること。岩田が目指したのは、まさにそうした意味におけるアニミズム思想の蘇生であった。（清水高志）

> →07. 対称性人類学、08. アニミズム、11. 自然の人類学、34. 交差する現代思想と文化人類学

岩田慶治（1995）『岩田慶治著作集　一　日本文化の源流』講談社.
───（1995）『岩田慶治著作集　六　コスモスからの出発』講談社.
───（2005）『木が人になり、人が木になる。──アニミズムと今日』人文書館.

25. 現代の民俗学

キーワード：民俗から人間へ、科学技術、民俗誌／民族誌、メディア、マテリアリティ

「落日の中の民俗学」。宗教学者・山折哲雄（1995）がそう評してからすでに20年が経とうとしている。柳田國男、折口信夫、南方熊楠といった巨匠たちの研究は今でも広範に読まれ、人類学や日本思想などの領域にインスピレーションを与え続けている一方で、その後の研究は関連領域の専門家以外には知られていないという印象を受ける。また、従来の民俗学が研究対象としてきた農山漁村の生活は、高度経済成長以降、急激に変化してきた。例えば隠岐島では、島内に舗装道路が引かれ、自動車による移動が当たり前になった結果、夜間の山道で人を化かしていた「ヤマネコ」はごく少数の例外を除いて影をひそめてしまった（近藤 2013）。このような時代に民俗学は現代のアカデミアに貢献し続けることができるのだろうか。

民俗学の苦境を考える上でただ単に研究対象——いわゆる「民俗社会」——の消失・衰退だけを問題としてはならない。民俗学には、現代社会で生じている諸現象を捉えるために必要な諸概念が不足している。「伝承」と「伝統」の違いは？　「民俗誌」は日本および東アジアの農山漁村および都市を対象とした「民族誌＝ethnography」なのか？　そもそも「民俗」とは？　もちろん、日本の民俗学者は、こうした基本概念を整理しようと試みてきたが、まだ十分ではないし、分野の独自性に拘泥するあまり、隣接する関連分野との対話を怠ってきたように思われる。

ここまで書いてきたことは、多くの論者によって指摘されてきたことであり、上述した課題の解決を目指した動きが民俗学の内部からも登場してきている。2008 年には、民俗学の「先鋭化」（＝新しい理論の構築）、「実質化」（＝関連する他分野との対話）、「国際化」（＝世界各国の民俗学との交流）を目指す現代民俗学会が設立された。近年

では、「日常学としての民俗学」をキーワードとして日本、中国、韓国、ドイツの民俗学を対話させようとする岩本通弥らの共同研究も始まっている。

門田岳久によれば、現代の民俗学に通底する視点の変化は以下のようにまとめることができる。

> ①文化の構造的・類型的把握から、「眼前」に拡がる生活実相を対象とする学問として、②残存した文化としての「民俗」の探求から、いま新たに生成・変化しつつある文化的・社会的現象の探求への変化として、③日本文化の本質性の探求から、グローバルな社会環境における日常性・多様性・複雑性の研究へという変化として、大きく捉えることができる（2014: 10）。

つまり、門田の言葉を借りれば、民俗学は「民俗」に注目するあまり「人間不在」となっていたことに気づき、「民俗から人間へ」と舵を大きく切りつつある。

このような取り組みは未だ継続中であるが、新しい方向性を打ち出す研究がすでに世に問われ始めている。例えば、菅豊（2013）は、2004年の新潟中越地震の後に新潟県小千谷市東山地区の闘牛に深くコミットするようになった自身の経験をもとに、民俗学者もその一部となっているような現代社会の知識生産をめぐる状況を踏まえ、民俗学者が主体的に社会実践をおこなっていくことの重要性を指摘した。

菅は、アメリカの公共民俗学を理論的な枠組みとして取り入れているが、あくまでも、柳田國男から始まる「野の学問」の制度化の歴史を批判的に検討する立場から、新潟中越地震、東日本大震災といった災害をめぐる現代日本の状況に寄り添いながら議論を進めている。他分野との対話という観点に引きつければ、菅の議論は、これまで、「調査地被害」やフォークロリズム（民俗の政治・経済的な流用）として民俗学内部で閉じられてきた動向を学問の公共性という視点から編み直しているため、「人間」を研究するフィールド科学（＝野の科学）全体に対する問題提起として読むことができる。海外の民俗学理論や他分野との対話を経て、みずからの調査に立脚しながら新しい理論を構築しようとする菅の公共民俗学は、「現代民俗学」のあり方に

対するひとつのモデルを提供していると考えられる。

「介護民俗学」を提唱した六車由実（2012）は、「聞き書き」という民俗学的手法を用いて介護現場の「忘れられた日本人」を鮮やかに描いた。六車は看護学で論じられてきた回想法と「聞き書き」との違いに言及しているが、民俗学的な発想を大事にしながら他分野との真摯な対話を試みる点は菅の姿勢と共通する。

もうひとつの注目すべきアプローチは、科学技術の民俗学である。率直に言えば、従来の民俗学にとって、科学技術は土着の知識や実践を破壊する悪者であったと言っても過言ではないだろう。ロマン主義的な系譜を有する民俗学がこの学問的な荒野をどう沃野に変えていくかは、現代民俗学の有効性を占う試金石となるだろう。イチゴの高設養液栽培農家の語りを扱った野口憲一（2017）は、コンピュータによる栽培管理を始めとする科学技術が農業者をその支配下に置くという見解に疑問を呈し、カキを栽培していた先代からの技術継承、イチゴの個性を見抜く暗黙知の存在、試行錯誤にもとづくイチゴ栽培の定石への挑戦といった事例をもとに科学技術を駆使した農業者の「人間性」に肉薄した。

野口の議論は、民俗学における「未踏のフロンティア」（野口2017：5）に果敢に挑戦した点において非常に興味深いが、科学技術を研究対象とする民俗学が今後も活動を続けていくのであれば、研究手法における科学人類学との違いをどう考えるかが課題となるだろう。野口は、科学人類学や科学社会学に対して、民俗学の独自性を主張するため、「語り」に注目すると宣言している。科学技術に支配されない主体的な農業者像を描く上でこの選択は正しかったのかもしれないが、参与観察に基づくデータがさほど示されていない点は科学人類学者の批判を招きかねない。

タイの機械修理工を調査した森田敦郎（2012）は、日本から持ち込まれたコンバインがタイの水田にあわず、ワラが詰まって停止するたびに修理工がその詰まりを取り除くという試運転の状況を目の当たりにして、「人間がコンバインを動かしているのか、コンバインが人間を動かしているのかわからなくなる瞬間」（森田2012：185）に言及している。野口のように、農業者個人の語りに着目すれば、その人が能動的に何をなしたかが前景化される一方で、森田が参与観察で目の当たりにしたような、人間と機械のミクロな交渉における人間の行

為主体性の揺らぎは見えづらくなる。

　前述したように、民俗学における「民俗から人間へ」の転換を論じる門田は、非人間への着目が文化人類学において高まっていることに触れて、「人間」に向かう現代民俗学と「人間」の外を見ようとする現代人類学という表面的な差異を超えて、民具や自然環境に強い関心を有する民俗学と現代人類学との距離が実は近くなってきているのではないかと指摘している。例えば、中国の民俗学者である周星（2017）は中国社会におけるスマートフォン利用について記述しているが、このような情報機器を「現代の民具」と捉え直してマテリアリティ論の観点から今後、考察を進めていくことができるかもしれない。筆者は、民俗学を学際的な対話の舞台に引き戻そうとする門田の呼びかけに賛同する者として、生まれたばかりの「科学技術の民俗学」が現代人類学の潮流のひとつとなっている脱人間中心主義的なアプローチと今後どのように対話をしていくかに大いに関心をもっている。（近藤祉秋）

　　→ 05. 今日の民族誌、09. 自然／人間、12. マルチスピーシーズ民族誌、27.「もの」の人類学、45. 暗黙知と夢

門田岳久（2014）「民俗から人間へ」門田岳久・室井康成編『〈人〉に向きあう民俗学』: 8-39, 森話社.

近藤祉秋（2013）「「魅了される遭遇」から生まれる動物信仰——隠岐の島町某地区Ｏ家の事例から——」『現代民俗学研究』5: 71-86.

周星（2017）「情報機器（ケータイ）の普及と身近な生活革命」西村真志葉訳『日常と文化』3: 3-27.

菅豊（2013）『「新しい野の学問」の時代へ——知識生産と社会実践をつなぐために』岩波書店.

野口憲一（2017）「『科学的農業』における人間性——コンピュタ管理によるイチゴの高設養液栽培の事例から」『現代民俗学研究』9: 1-17.

六車由美（2012）『驚きの介護民俗学』医学書院.

森田敦郎（2012）『野生のエンジニアリング——タイ中小工業における人とモノの人類学』世界思想社.

山折哲雄（1995）「落日の中の日本民俗学」『フォークロア』7: 12-17, 本阿弥書店.

26. 考古学と人類学

キーワード：民族考古学、物質文化、人工物、「生物ピラミッド」、石との対話

　明治期に人類学から分岐した日本の考古学は、過去の現生人類が遺した僅かな生活痕跡から、人類の生活や文化を復元しようとする歴史学に属する学問分野である（人類学に包含される北米の考古学は日本とは志向性が異質）。近接する学問分野に、文化人類学（民族学）や民俗学、化石人骨を対象とする古人類学等がある。国内の隣接分野との学際的研究は、国外に比して低調であり、研究成果を国際発信する研究者も少数のため、日本の考古学的研究成果の大半が海外の研究者に知られていない。世界考古学会議（The World Archaeological Congress）と国内最大学会である日本考古学協会のセッションテーマを比較すると、両者の問題意識の違いは明瞭である（各ホームページ参照）。日本では、帰納法に依る実証主義の伝統的考古学研究が依然として主流だが、近年、民族考古学（補完する考古学の民族誌を含む）や社会考古学、認知考古学等は、提唱から数十年を経て、日本においてもようやく根づきつつある。渡辺仁を嚆矢とする民族考古学研究は比較的盛んであり、近年、その延長線上でアクターネットワーク理論やエイジェンシーに関する議論が極一部に散見される。人類学主導の「物質性」研究に考古学者も参画しているが少数に止まる（古谷嘉章他 2017）。日本の考古学において、本格的な存在論の諸概念についての議論が本格化するのは遠い先であろう。理由は以下の２つである。①考古学が人間中心主義に立脚していることに疑念を抱く研究者が少なく、現況では問題設定自体が成立しない。②考古学の研究対象が人類もしくは物質文化に限定されている。

　日本の考古学における物質文化研究は、1960年代に文化人類学から引用される形ではじまり、現在も民俗学を含めて議論はされている。1980年代には自然科学との連携による環境考古学が日本でも

立ち上げられ、1990年代には動物考古学が学会として組織化された。両分野の中で植物も研究対象となり、近年、植物考古学を標榜する研究者もいる。だが、上記の考古学分野は、すべからく機能主義的研究に止まる。人間中心主義に依る資料分析と解釈を大前提とし、あくまでその対象は、人間の手によって加工された品である人工物や、人間に影響を及ぼす環境、食糧や材としての動植物にすぎない。したがって、日本の先史考古学に、例えばエドゥアルド・ヴィヴェイロス・デ・カストロが提唱する「パースペクティヴィズム」を援用する余地があるかと問われれば、現状では無いと言わざるを得ない。主流派の伝統的考古学者達にとっては蓋然性が担保されず、研究意義を見いだし難いからである。考古学の立脚点を根底から覆さない限り、存在論に関する議論が考古学者の耳目を集めることは難しいだろう。

　考古学から目を転じれば、存在論的転回は植物研究の世界でもはじまっている。ステファノ・マンクーゾは、人間が最上位に、植物が生物全体の最下位に置かれる、いわゆる「生物ピラミッド」を覆すべく、ラディカルな議論を展開している（マンクーゾほか 2015）。マンクーゾは、進化の過程で人間や動物とは異なる知覚システムを獲得した動く植物が、知性ある存在であると力説する。しかし、人類がコペルニクス的転回に立ち戻り、人間中心主義を根底から覆すことを目指すのであれば、500年前の「生物ピラミッド」には描かれていない、植物と石の間隙に存在する微生物やウイルス、さらに「生物ピラミッド」の最下段に置かれ、ただ「存在する」とされる石という非生命をも包含した議論でなければ意味をなさないのではないだろうか。ある時点から人類に虐げられてきた植物の復権という意味では、マンクーゾの議論は大いに評価されるべきであるが、あくまで生物の議論であり、土台にある石は等閑視されたままである。このことは、私たちが「生物ピラミッド」信仰から容易に脱却できないことを示しているとも言える。生命は、地球や全宇宙の構成物の比率からすれば、吹けば飛ぶ塵芥のような存在だが、石は、宇宙の塵芥が凝集した地球、その内臓から生みだされる大地の大部分を占め、宇宙にあまねく散在する存在者である。道端に転がっている小石であれ、宇宙のはじまりまで遡る「時間」が内包されている（ザラシーヴィッチ 2012）。宇宙のマジョリティは石であり、生命はマイノリティである。石が無くなれば生命は存在しえないが、生命が消滅しても石は存在し続ける。私たち

は、人間／非人間、動物／植物、生命／非生命という区分で世界を見ているが、原子や素粒子レベルのミクロな視野では、この表層的区分はほとんど意味をなさなくなる。すべてがフラットに連関する世界を想像してみてもよいだろう。

　私たちは、ピラミッドの底に横たわっている石を手にとり、存在論的転回の極北を目指さねばならないのだが、じつは1970年、既に石を核とする反転の生物ピラミッドを観想した日本人がいた。日本万国博覧会のテーマプロデューサーであり、マルセル・モースに学んだ岡本太郎である。「人類の進歩と調和」を体現する煌びやかな各国のパビリオンとは対極的な相貌のテーマ館≪太陽の塔≫には、宇宙創生から物の発生、生命の誕生と進化、原水爆の悲劇までがセットされていた。岡本は塔の制作と並行し、原水爆炸裂の瞬間を描いた巨大壁画≪明日の神話≫の制作と、芸術新潮に「わが世界美術史」を連載執筆していた（翌年『美の呪力』として刊行、現在は文庫化されている）。石積みのイヌクシュクからはじまる同書の核にあるのは、石と人との関係性の問い直しであり、存在論的転回を先取りしている（同書の仏語版は岡本の盟友ロジェ・カイヨワの『石が書く』の執筆に大きな示唆を与えた）。

　ところで、考古学においても生物ピラミッドと同様のヒエラルキーが存在する。考古学者が研究対象とする遺物は、人工物であることが最重要の要件だが（一部例外もある）、遺物にもピラミッドが存在する。石器を例にとると、考古学者が完成品と捉えるものが石器ピラミッドの頂点を占め、下段に完成に至らなかった未成品、その下段には加工時に飛び散った剥片等、さらに下に母岩、つまり自然石がある。石器素材となる未加工の石が遺跡から出土した場合、それは原石として最下段に位置付けられる。石器の素材として多用される石は考古学者に注目されるが、未加工の他の石はすべて等閑視される。日本考古学者にとって（おそらく諸外国の考古学者にとっても）、人為的な加工の痕跡が認められない石は、遺物ではなく単なる物しかない（環状列石等の構築物の自然石は研究対象となる）。遺跡から出土しても自然石はただの石であり、ほとんどすべてが打ち捨てられる（保管場所の有限性も一因）。考古学者は、「物に語らせる」という喩えをよく使うが、本気で石が語ると考える者は皆無である。しかし、日本の民話を紐解けば、生まれる石、育つ石、泣く石、子を産む石、増殖す

る石など、人間のようにふるまう石たちが乱舞している。

　石英ガラスを記録媒体に変え、3億年後の未来を想像するのも結構だが、石をマテリアルとして扱い、蹂躙するだけでなく、そろそろ石の聲に耳を傾けるべきではなかろうか。2011年3月11日、ウラン鉱石の産みの親である大地が激震し、海の水がうねりをあげて私たちを呑み込んだ。今も災いをもたらし続けている者は、私たちが無理矢理に石から抽出し、利用してきた石の臓物である。岡本太郎が≪太陽の塔≫≪明日の神話≫『美の呪力』で投げかけたように、この歪な石との対話が、私たちの存在論的転回の出発点となろう。（石井匠）

> → 03. 存在論をめぐる論争、27.「もの」の人類学、28. フェティッシュ／フェティシズム、42. 芸術製作の人類学

池上隆祐編（1978）『石 〈復刻版〉』木耳社.
岡本太郎（2004）『美の呪力』新潮文庫.
カイヨワ，ロジェ（1975）『石が書く』岡谷公二訳，新潮社.
ザラシーヴィッチ，ヤン（2012）『小石、地球の来歴を語る』江口あとか訳，みすず書房.
古谷嘉章・関雄二・佐々木重洋編（2017）『「物質性」の人類学：世界は物質の流れの中にある』同成社.
マンクーゾ，ステファノ／ヴィオラ，アレッサンドラ著（2015）『植物は〈知性〉をもっている：20の感覚で思考する生命システム』久保田耕司訳，NHK出版.

27.「もの」の人類学

キーワード：「もの」、非人間、マテリアリティ、エージェンシー、アクター・ネットワーク

　近年の文化（社会）人類学（以下「人類学」）では、広義の物質文化、ないしは人間を取り巻くさまざまな「もの」（人工物、生物、自然物等を含む）についての新たな関心の高まりに応じて、さまざまな研究と概念化が試みられつつある。これは、マクロな文脈で言えば、主体／客体、人間／「もの」、人間／非人間、などを分離する、主としてルネ・デカルト以来の近代西欧的な諸学問や近代的世界観のパラダイムそれ自体への批判的再検討を射程に入れた野心的な試みとして位置付けることができるだろう。本稿で取り上げる「もの」の人類学の潮流は、それぞれ相対的に独立した研究者の別個の研究のなかの方向性であるが、場合によってはいくつかの緩やかな学派や研究集団としてまとめられることもある。20世紀後半以降の欧米の研究動向のなかで、とくに注目に値するべきものとして代表的な研究を挙げるとすれば、アルジュン・アパデュライ、ダニエル・ミラー、アルフレッド・ジェル、ブルーノ・ラトゥールによる諸研究や、かれらに影響を受けて生み出されつつある業績を挙げることができる。

　まずアパデュライらは、「もの」も人と同様に社会生活（social life）の次元で追跡されるべきであると論じ、特定の「もの」は文脈に応じて商品の相に入ったり出たりする（すなわち商品化したり脱商品化する）という視点から、「もの」にフォーカスを当ててその軌跡を追うという研究アプローチを提唱した。

　次にミラーは、「もの」のマテリアリティ（materiality 物質性）への注目を喚起したことで知られる。そこでは、商品をはじめとする「もの」は人間によって生産されるが、逆に言えば、消費の場面では人間自身も「もの」によってつくられることが指摘される。このようにミラーをはじめとするマテリアリティ研究では焦点は物と社会が相

互に構成しあっていることに当てられる。

次に、近年の人類学における「もの」研究の文脈において取り上げるべき主題として、ジェルによるアートを軸とする議論（Gell 1998）と、ラトゥールらを中心とするいわゆるアクター・ネットワーク理論（Actor Network Theory: 以下ANT）を取り上げないわけにはいかない（ラトゥール 2008）。人間だけにエージェンシー（agency: 行為の主体性、能動性）を認める従来の通念的な発想に代わって、ジェルやラトゥールらの研究では、非人間（人間以外の存在者）のエージェンシーという問題設定から、人間と非人間の「もの」の織り成す複雑な相互作用や、人間と非人間の行為者から構成される対称的なネットワークへと関心が向けられていく。

人類学における「もの」への回帰の傾向は、言語学者フェルディナンド・ソシュール以降の構造言語学や哲学者ジャック・デリダらにおけるいわゆる言語論的転回の議論に対して一定の距離をとり、再びフィールドで出会う触知可能でいわば手触りのあるリアリティへの志向性の回帰として位置付けることも可能だ。言語論的転回の議論においては、テクストの外部は存在しないとして、言語や記号ないし言語的テクストの特権性や重要性が強調される傾向があった。こうした議論の影響を受けた1960年代から1980年代頃までの人類学においては、概して物質文化を言語モデルで把握し、あたかも記号や言説のように「もの」の意味を解読していく、というアプローチがひとつの有力な手法であった。とくに象徴人類学や解釈人類学などの潮流においては「もの」は意味を帯びた記号、シンボル、テクストのモデルで捉えられ、人類学者がやるべきことは、工芸品や墓に施された装飾などが何を意味するのか、あるいは家屋や集落などの配置が何を意味するのか、といった一種の暗号解読のようなものとされた。そこでは「もの」は当該の社会の親族関係や社会関係を反映し、あるいは象徴的ないし文化的な意味が書き込まれるメディアのようなものとして扱われることになる。

この点への批判として登場したのが先に言及したジェルやラトゥールらの議論である。まずジェルはアート・オブジェクトを人類学的に研究するにあたって、アート・オブジェクトは、そこに込められた象徴的な「意味」を人類学者がデコードするべき記号ないしテクストとして見なすという従来の視点ではなく、むしろ、それを見る

者に畏怖や魅惑や恐怖などさまざまな感情・感覚的反応を含めた反応や行為を引き起こすような行為の媒介物として見る視点を提唱した（Gell 1998）。

　またラトゥールをはじめとするANTでもエージェンシーは重要な論点である。ラトゥールは近代的な学問分野の多くを通じてこれまで通念的な枠組みであった主体／客体、人間／非人間といった二元論を批判し、むしろ人間と非人間のあいだの対称性を強調するアプローチが提唱されている（ラトゥール 2008）。ANTでは人間と非人間の両者に対して対称的な接近法を採用し、そこではエージェンシーを人間だけが特権的に占有するのではなく、むしろ人と「もの」からなる関係的なネットワークに分散された存在として捉えることを提唱する。このネットワークに関与している限りにおいて「もの」も人も同様の重要性を有するとされる。

　最後に、日本における人類学の研究においてもごく簡単に触れたい。日本でも川田順造による「技術の文化」や「もの」と身体技法に関する考察や、あるいは吉田憲司による博物館展示との関連を含む物質文化への研究をはじめとして、物質文化に関する関心は20世紀後半まで一貫して持続してきた。さらに近年では東京外国語大学アジア・アフリカ言語文化研究所（AA研）を拠点とする通称「資源人類学」研究プロジェクトにおいても、とくにその小生産物班（代表：小川了）、認知・加工班（代表：松井健）などを中心に広義の物質文化への研究が実施されてきた。その成果は浩瀚な成果論集（内堀 2007）にまとめられている。

　そして、資源人類学プロジェクトの後継として立ち上げられた本稿の筆者（床呂）を代表とするAA研「ものの人類学的研究」プロジェクト（略称「もの研」）、およびその成果論集（床呂・河合 2011）も日本における「もの」（ないし広義の物質文化）研究の潮流における成果のひとつとして挙げておきたい。同論集は文化人類学者、生態人類学者、考古学者、霊長類学者などからなる学際的な共同研究プロジェクトの成果であるが、「ものと身体」、「ものと環境」、「もののエージェンシー」などのキーワードを軸に、「もの」ないし広義の物質文化に関する新たな人類学的アプローチを提唱する近年の試みとして位置づけることができる。同書の目的は、ただ単に従来の人類学の分野で長らく相対的にマイナーなテーマであった物質文化研究を

再評価するというだけにとどまらず、むしろ世界各地における各種の「もの」と人間との関係の民族誌的な研究を通じて、人類学や社会学を含む関連諸学の理論や概念枠それ自体を再検討するというものである。たとえば同書では近代社会で通念的な、狭義の「もの」概念を批判的に再検討し、それを世界各地の具体的な事例に即しながら、新たな「もの」の考え方へと拡張・展開していくことも目的のひとつとしている。こうした再検討は、「自然／文化（生態系と象徴系）」「文化（社会）人類学／自然（生態）人類学」という人類学内部における理論的かつ制度的分断を架橋するひとつの手がかりとなりうる、という野心的な問題意識をも含んでいる。（床呂郁哉）

> → 28. フェティッシュ／フェティシズム、34. 交差する現代思想と文化人類学、35. 虚構と実在、42. 芸術制作の人類学

内堀基光編（2007）『資源人類学』全9巻、弘文堂.
ラトゥール，ブルーノ（2008）『虚構の「近代」──科学人類学は警告する』川村久美子訳，新評論.
床呂郁哉・河合香吏編（2011）『ものの人類学』京都大学学術出版会.
Appadurai, Arjun (ed.) (1986) *The Social Life of Things: Commodities in cultural perspective*. Cambridge University Press.
Gell, Alfred (1998) *Art and Agency: An Anthropological Theory*. Clarendon Press.
Miller, Daniel (ed) (2005) *Materiality*. Duke University Press.

28. フェティッシュ／フェティシズム

キーワード：モノ、力、幻惑、ネットワーク、グレーバー、ピーツ

　フェティシズムとは、モノが人間に及ぼす力や、モノによって喚起される魅惑や幻惑、情動をめぐる概念である。フェティシズムという言葉は主に、宗教的フェティシズム、商品フェティシズム、性的フェティシズムの三領域にまたがって使用されてきた。「フェティシズム」という術語を初めて用いたシャルル・ド・ブロスは、17〜18世紀のアフリカ大陸やアメリカ大陸への航海記に基づき、自らが選んだモノを崇拝する現地住民の態度をフェティシズムとして論じた。一方でカール・マルクスは、資本主義社会において、本来は人間の労働の産物であるはずのモノが、商品となった途端に人間や他のモノと関係する自立した存在であるかのようにみえるという事態を指してフェティシズムと呼んだ。またジグムント・フロイトは、母のファルスの代替物として生じるフェティッシュへの性的欲望を、去勢コンプレックスという観点から説明している。このようにフェティシズムは広範な領域にかかわる概念であり、その研究も多岐にわたる。日本では今村仁司が主にマルクスのフェティシズム論をイデオロギーという観点から検討し、丸山圭三郎が記号学の知見を基に文化のフェティシズムを論じた。また、石塚正英がフェティシズムの理論的検討に立脚して現代的問題の分析を試みたほか、田中雅一が人類学・精神分析学・哲学的視座からフェティシズムを多角的に検討する論集を編んでいる。

　フェティシズムについては従来、神や人間の労働、ファルスなどがモノとして誤認されているという説明が一般的であった。一方、人類学では、フェティッシュなるものが人々にとってもつ意味の重要性を示すことが試みられてきた。たとえば南アメリカにおける悪魔崇拝をフェティシズムという観点から分析したマイケル・タウシグは、資本主義経済の下で抑圧された農民による創造的な批判の表れとしてこ

の現象を論じている。タウシグが取り上げたのは資本主義経済と前資本主義経済の接触領域に出現したフェティシズムであったが、注目すべきは、フェティッシュという概念自体が西欧と非西欧との邂逅から生みだされたということである。

　ウィリアム・ピーツによれば、フェティッシュとは、16世紀と17世紀の西アフリカという異文化間接触の領域において生じた新たな概念である。15世紀に西アフリカ沿岸部に上陸したポルトガル人は、当初、霊的な実体の表象である偶像に対比されるものとして、それ自体が具体的な効果をもち、身につけられる物体を指してフェティソ（feitiço）と呼んだ。16世紀になると、彼らはアフリカ社会におけるフェティソの重要性に気づきはじめた。フェティソはそれを身につける者のアイデンティティや連帯を示すものであり、人々が社会関係を取り結ぶ際に重要な役割を果たしていたのである。17世紀初頭になると、現地社会における裁判や誓約の場で行われていた「フェティッシュを飲む」という儀礼は、ヨーロッパ人にとっても重要な意味をもつようになった。アフリカ人との安定した取引を望む商人たちは、しばしば現地住民と同じように、フェティッシュに向かって誓約を唱えたのである。こうして彼らは、フェティッシュが創りだすリアリティの中に巻き込まれていった。

　デヴィッド・グレーバーは、フェティッシュの社会的創造性という観点からピーツの議論を再検討している。グレーバーによれば、マルクスのフェティシズム論に馴染んだ我々は、フェティシズムを幻想とみなすことに慣れきっている。我々はモノを作りだすが、どうやってそれを作り上げたのかを完全には理解できないために、自らが作ったモノが自分を凌駕する力をもつと思い込み、それを崇拝するようになる。これがフェティシズムの成り立ちである。この論理に従えば、しかしながら、アフリカを訪れたヨーロッパ人が「フェティッシュ」とみなしたものは、少なくともアフリカ人にとってみれば、さほど物神化されてはいなかった。実際、それらは明らかに、人間によって作られたものとみなされていた。人々は新たな社会的責任を作りだし、契約や合意を得るために、文字通りフェティッシュを「作った」のである。グレーバーはこのように、人間によるモノへの実践的な価値付与と、モノを介した世界への働きかけとしてフェティシズムを捉える新たな視座を提示している。だが、人間の主体的な行為や意思を中心

に据えるグレーバーの視座によっては、フェティシズムが提起する重要な問題、つまり人間とモノの関係性における主客の不分明さや、モノが人間に及ぼす力について十分に理解することはできない。この問題を考えるためのひとつの手がかりは、モノの流通を通したネットワークの形成とその重層性に着眼することである。

たとえば、西アフリカのゴールドコーストにおいてフェティッシュは、その流通を通して多様な集団間におけるネットワークの形成を媒介してきた。各々のフェティッシュは広域を移動し、長期間にわたって儀礼的に用いられることを通して、独自の履歴を獲得していく。この流通の過程において、個々のフェティッシュは、それを作りだした人間の意図のみならず、その流通と活用にかかわった多様な人々の欲望や祈念などを複合的に固着していく。このように複数の歴史性と異種のアイデンティティを具現するモノであるフェティッシュは、それを入手した者にとって、自らを幻惑する異質な力に他ならなかったと考えられる。なぜならフェティッシュの新たな持ち主はそのモノの作成者ではなく、その完全な履歴を知らず、なおフェティッシュの力に従って行為しているからである。

目下の持ち主がこのように重層的なフェティッシュを活用するとき、彼／彼女はフェティッシュによって固着された、幾多の他者の欲望や祈念をも反復的に活性化し、現実化することになる。いいかえれば、人が世界に向けてフェティッシュを介して行為するとき、それは今まさにフェティッシュを用いている「私」の行為であるばかりではなく、モノが具現する他者たちの欲望や祈念の反復と実現でもある。このとき、「モノを介して私が世界に働きかける」という事態は同時に、「私を介してモノが世界に働きかけている」という事態としても捉え返すことができる。フェティッシュとはこのように、人間とモノの主客の転換や相互依存性を照射する概念である。（石井美保）

→ 27.「もの」の人類学、29. 価値と倫理、30. デヴィッド・グレーバーの負債論、44. 心理学と人類学

Graeber, David (2005) "Fetishism as Social Creativity: Or, Fetishes Are Gods in the Process of Construction." *Anthropological Theory* 5(4): 407-438.
Pietz, William (1985) "The Problem of the Fetish, I." *Res* 9: 5-17.（以文社よ

り近刊予定）
——— (1987) "The Problem of the Fetish, II: The Origin of the Fetish." *Res* 13: 23-45.（以文社より近刊予定）
石井美保（2014）「呪物の幻惑と眩惑」田中雅一編『フェティシズム研究2 越境するモノ』: 41-68, 京都大学学術出版会.
石塚正英 (2014)『フェティシズム——通奏低音』社会評論社.
今村仁司 (1983)『社会科学批評』国文社.
田中雅一編（2009）『フェティシズム研究1 フェティシズム論の系譜と展望』京都大学学術出版会.
———(2014)『フェティシズム研究2 越境するモノ』京都大学学術出版会.
———(2017)『フェティシズム研究3 侵犯する身体』京都大学学術出版会.
ド・ブロス，シャルル（2008）『フェティシュ諸神の崇拝』杉本隆司訳，法政大学出版局.
フロイト，ジークムント（2010）『フロイト全集 19』加藤敏・石田雄一・大宮勘一郎訳，岩波書店.
マルクス，カール（1969）『資本論（一）』フリードリヒ・エンゲルス編，向坂逸郎訳，岩波文庫.
丸山圭三郎 (2013)『丸山圭三郎著作集Ⅱ 文化のフェティシズムへ』岩波書店.

29. 価値と倫理

キーワード：グレーバー、価値のトークン、とまどい、平凡な倫理、再生産の／自由のモラリティ

　キリンジの「Drifter」という曲に、次のような一節がある。「いろんな人がいていろんなことを言うよ／『お金がすべてだぜ』と言い切れたなら／きっと迷いも失せる」。お金がすべてなのか、人生において追求するに値することが他にあるとするならば、それって何なのか？　どのような価値にしたがえば、「よい」人間になれるのか？　このような問いを発する瞬間は、きっと誰にでもある。そう考えると、価値や倫理に対する問いは、私たちの身近なところにある。そして、ある意味では、人類学はずっとこのような問いを発してきた。「この社会では、何が価値あるものとみなされているだろうか？　どのような行為が『よい』とされているだろうか？」と考えない人類学者はいなかったとさえいえる。だが、逆説的なことに、文化は必ず価値や倫理を含みこんでいると考えられていたせいで、それらに特別に焦点を当てた理論は発達してこなかった。現在、その状況は変わりつつある。価値や倫理といった言葉を中心にすえて考えようとする取り組みが、次々とあらわれている。

　価値という言葉は、状況によって違った意味で使われる。「何が価値のあることなのか」という時には、社会的に共有された「よいもの」とは何かが問われている。しかし、「どちらにより価値があるのか」という時には、何が「よいもの」なのかはさておき、個人がどちらを評価するかが問われている。一般的に、人類学は前者を、経済学は後者を、価値の問題としてあつかってきた。それに対して、デヴィッド・グレーバーは、これら両者を結びつける『価値の人類学理論に向けて』（Graeber 2001）で考えようとした。どうやって、何に価値があるかがみんなに共有されて、個人がその価値を追求して競い合うようになるのだろうか？

グレーバーが鍵として取り出すのは、「価値のトークン」である。それぞれの社会において価値があるとされる行為は、具体的・物質的な何かによって示されるようになる。それが「価値のトークン」だ。すると、そのトークン自体に価値があるとみなされるようになり、それ自身が行為の目的となる。お金は、そのような「価値のトークン」の典型だ。マルクスが示したように、人びとが働いて役に立つものを作るという創造的な行為の重要性を表現する尺度にすぎなかったはずのお金は、それ自身に価値があるとみなされて欲望の対象となる。そうなると、お金を得ることを目的として人びとは働くようになる。同じようなことは、よい点数を得るために勉強するとか、深紅の大優勝旗を得るために野球の練習をするという時に起こっているだろう。

　それは他の社会の他の価値についても同じだと、グレーバーは考える。ニューギニアのマッシム地方でクラ交換に使われる財は名声のトークンとして働き、イロコイ同盟でワンパム（ビーズの帯）は至上の価値である平和のトークンとして働き、クワキウトルの官職名の体系は名誉のトークンとして働く。具体的なトークンがあるおかげで、人びとの行為は比較可能になる。確かに、上に挙げたようなトークンは、お金のように厳密に価値を計ることはできない。しかし、代えの利かない家宝のようなものでも、持っている／持っていないによって比べられる。また、クラの財のようにランク付けできる場合もある。こうして、よりよい価値が何なのか周りの人びとの目にも明確に見えるようになり、それを求めて行為することが可能になる。そこに、価値を共有する人びとの「社会」が作り出されるのだ。

　グレーバーは、「もの」の媒介によって生まれる価値の共有の可能性に注目したといえる。「何が価値？」と反省しはじめると、確かに何をすればよいのか分からなくなる。しかし、日常的実践においては、トークンという物質的な手がかりのおかげで、私たちはあまり悩まずに「よいこと」を追求できている。

　そのような日常的実践は、いくつもの領域に分かれているかもしれない。産業の領域では「より効率がよい」ことが評価されるのに対して、市民生活の領域では「より公平である」ことが評価される。ある領域で通用する価値は、別の領域では通用しないのだ。そして、それぞれの領域で、判断を可能にするための客観化された基準が作られる。例えば、有機農業ラベルのおかげで自分の選択がよりエコかどう

か判断できるというように。リュック・ボルタンスキーやローラン・テヴノーは、このような多元的な価値領域の組織化について検討している（例えばボルタンスキー & テヴノー 2007）。そこでも、「何に」「どちらに」価値があるのかというとまどいを回避するのに役立つ、物質的な「装置」の重要性が強調されている。

　しかし、それでもやはりとまどいは残る。ジェームズ・レイドローやマイケル・ランベクなどによる「倫理」の人類学は、この「とまどい」に踏みとどまろうとする（Laidlaw 2014, Lambek (ed.) 2010）。すべてが目に見える基準にしたがって悩まずに「選択」できるようになるわけではない。むしろ、共通の基準がなくて、選択肢を一つの軸に沿ってはっきりと比較できない状況のほうが多いかもしれない。何が「よりよい」のか分からない不確実な状況のなかで、いろいろな要素を考慮に入れながら、それでも人は「よい」行為を行おうとする。よりよい生き方やよりよい自己のあり方を探求しようとする。そこにあるのは、グレーバーの価値のとらえ方が示唆するような「選択」ではなくて、むしろ迷いにみちた「決断」だ。ただ「〜しなければならない」や「〜したほうがよい」という規範や価値にしたがう行為とは異なっているのだ。このようなとまどいにみちた状況を、レイドローやランベクは倫理の問題としてとらえる。

　例えば、レイドローが研究したインドのジャイナ教徒の在家信徒について考えてみよう。ジャイナ教では、非暴力を実現するためにすべてを捨てて禁欲的な生活をすることが理想とされている。しかし、在家信徒は出家者を経済的に支えたり宗教的共同体を維持したりするために、商人として成功しなくてはならない。そのため在家信徒は、ただひたすら宗教的理想を追うことはできない。それでも彼らは、信徒としての価値と商人としての価値のあいだの矛盾に直面しながら、何とか自分なりによい生き方をめざそうとする。けっきょく不十分にしか達成できないとしても。この時、在家信徒たちは倫理的な問いに直面しているのだ。

　このような葛藤は、何も特別な状況ではない。むしろ日常的にあちこちで行われている「平凡な倫理」だといえる。そして、そこから新しい生き方があらわれてくるかもしれない。ヴィーナ・ダスは、インドのヒンドゥー青年とムスリム女性が結婚したあと、夫婦が（そして家族が）お互いの宗教間実践を取り入れて新しい生き方を試みてい

こうとする様子を描いている（Lambek（ed.）2010に所収）。彼らは、それぞれの宗教的な価値の基準にしたがうのではなく、他者とのかかわりのなかで新しい何者かになっていく。倫理の人類学者たちは、価値の問いからこぼれ落ちるこのような不確実性にみちた生を主題化しようとする。

　しかし、価値と倫理はお互いに排他的な枠組みではない。ジョエル・ロビンスは、「再生産のモラリティ」と「自由のモラリティ」の対を使って、両者をともに視野に入れる可能性を提示している（Robbins 2007）。自分がどのような価値の領域で活動しているかが自明なとき、意識しなくても価値の基準に沿った道徳的なふるまいを繰り返すことができる。それが「再生産のモラリティ」である。しかし、複数の価値の領域が重なり合ってそのどちらを優先すればいいのか不明確な状況には、倫理的な決断をしなくてはならない。それが「自由のモラリティ」である。だとすると、人は共有された価値にしたがうのか、それとも倫理的な決断を通して自己形成をしていくのか、などという対立はなく、両者はたんに状況の違いだということになる。そう考えると、価値と倫理を対立的にとらえるよりも、これらふたつの枠組みを結びつけたほうが面白くなる可能性があるとわかるだろう。（中川理）

　　→ 30. デヴィッド・グレーバーの負債論、31. アナキズムと贈与、33. アクティヴィスト人類学

ボルタンスキー，リュック／テヴノー，ローラン（2007）『正当化の理論——偉大さのエコノミー』三浦直希訳，新曜社.
Graeber, David (2001) *Toward an Anthropological Theory of Value: The False Coin of Our Own Dreams*, Palgrave.
Laidlaw, James (2014) *The Subject of Virtue: An Anthropology of Ethics and Freedom*, Cambridge University Press.
Lambek, Michael (ed.) (2010) *Ordinary Ethics: Anthropology, Language, and Action*, Fordham University Press.
Robbins, Joel (2007) "Between Reproduction and Freedom: Morality, Value, and Radical Cultural Change," *Ethnos*, 72(3), 293-314.

30. デヴィッド・グレーバーの負債論

キーワード：負債、交換、モラル、ヒエラルキー、コミュニズム

　負債は返すし、返せない、否、返さない。私には負債がたくさんある。一つは、友人たちからの負債である。これについては返す。もう一つは、名ばかりの「奨学金」だ。これについては返せない、否、返さない。負債とはなんだろうか。困ったことに一筋縄ではいかない。なんせデヴィッド・グレーバーは 5000 年の歴史の様々な事例を掘り起こしているからだ。

　まず負債とはなんだろうか。数々の語り口があるが、ひとまずフリードリッヒ・ニーチェのそれをみてみる。ニーチェからすれば、人間とは約束することができる動物だ。その約束によって、ひとは責任や負い目を持つ。ここに負債が位置するのだという。しかしグレーバーからすれば、負債とはそうした側面だけではないし、ともすれば、そんな側面はほとんどないことを人類学のケースから拾ってくる。負債はむしろ、交換と共に語られ、その交換がそもそも数量化された意味での対応関係にない。グレーバーにとって純然たる負債の意味などは存在せず、様々な事例、様々な概念との重なりの中で、その負債が出来するものである。グレーバーはこう述べている。「負債をそれ以外のことがらから峻別しているのは、それが平等の仮定を条件としていることである。」（グレーバー 2016:129）。私たち人間は皆、有限で平等だ。グレーバーにおいて純粋に負債だけを取り上げるとそこにはヒエラルキーは存在しない。そうした平等な関係の中で交換を行う。約束に基づいて行われるものであり、返済可能なものである。ぼんやりと借りて、ぼんやりと返す。

　そこにヒエラルキーが乗っかるとどうなるか。ぼんやりと借りて、ぼんやりと返すことではない。共通の尺度でもって等価性が存在する。100 円借りたら 100 円返す（あるいは利子がつくかもしれない）。「明朗会計」のシステムだ。この時、借りたということは貸した側に対し

てヒエラルキーが生じてしまいかねない。あるいは王が私たちに貸し付けを行い、私たち平民は負債が強いられる存在となる。平等だったはずの存在の位相がぼんやりと捉えられるのではなく、明確に切り分けてしまうことでヒエラルキーが生じる。そうなった時、借りた側は負い目を感じ、奴隷となる。むろん、返済された際でも、負い目は残り続け、奴隷状態は続く。とはいえ、イングランドの事例で、帳尻合わせの債務解消を年に一回は行うといった事例も存在する。デフォルト宣言だ。あるいは百姓一揆で打ち壊しの事例だって私たちの歴史にもある。だから負債は返せない、否、返さない。

　もう少し負債について検討してみる。貨幣とは負債の産物だ。ヒュレー（質料）とエイドス（形相）、つまり物質の全体性を分けるとこれら二つに分割される。その分割を実体化したものが貨幣である。ものと理念とをつなぐものだ。ここに言語が位置することもあるが、言語と貨幣が存在論的に同じものであることは今更言うべきことでもないだろう。ヒュレー・エイドス・貨幣＝言語の三位一体だ。いずれにせよ、貨幣は媒介項である。そしてその貨幣は、もの自体ではないし、その内実でもない。仮の姿である。その扱われ方が、これら全てを統括する人間の軸で見るか、あるいは断片的な、もの・内実・貨幣のいずれかの軸で見るかで、変わってくる。現代は交換とヒエラルキーが高度に発達し、貨幣が中心に扱われる。その貨幣の扱われ方がヒエラルキーによって裏打ちされているからには、奴隷を生み出すのは必然だ。しかし原理的に私たちは平等な存在だ。だから奴隷ではない。私たちは貨幣を確かに扱う。しかし私たちは貨幣に扱われるのではない。人間が人間たるゆえんと負債についての事例がある。

　その狩人はいった。「この国では、われわれは人間である。」「そして人間だから、われわれは助け合うのだ。それに対して礼をいわれるのは好まない。今日わたしがしうるものを、明日はあなたがうるかもしれない。この地でわれわれがよくいうのは、贈与は奴隷をつくり、鞭が犬をつくる、ということだ」（グレーバー 2016:119）。

　これはデンマークの人類学者がイヌイトの狩猟採集民の事例として取り上げているものだ。私たちは人間だ。コミュニズムの相を基に生きている。ヒエラルキーや交換はそもそも拒絶されるべきものだ。奴隷は作らない。負債は返す、しかしそれは助け合うという前提で。と同時に負債は返さない。奴隷を作るからという前提で。この時

負債よりも何よりも、私たちは「基盤的コミュニズム」を前提として生きる存在だということをグレーバーは何度も語る。

現在の私たちを取り巻く環境は、負債によって成り立っている。「近代国家は赤字（借金）財政の上に成り立ち、近代経済は消費者債務という土台の上に形成」されているし、「国際政治さえも負債の周りに形成」されている（グレーバー 2009: 111）。中央銀行制度そのものが負債から創設されているし、流通貨幣は負債以外の何物でもない。そんな状況の中で私たちは生かされている。たまったもんじゃない。

コミュニズムに基盤を置く人間の負債はぼんやりとした約束に基づく。その約束は明確な契約ではない。契約には書面、あるいはそこに記されている額と、そしてその背景にある暴力が常に備わっている。それに対して約束はそうではない。ぼんやりと借りて、ぼんやりと返す。契約の観点から見れば、約束を結ぶ人間は、契約の履行を破る存在だ。しかし、私たちの生がよって立つところとは、だいたい、そんなもんだ。自由であるということは契約を破ることもある。

グレーバーは、人間中心主義に陥るような言説を負債でもって語っているわけではない。そうではなくて、人間が人間たるゆえんである負債と貨幣のあり方を今一度見つめ直すことで、私たちがともすれば近代以降の人間中心主義に矮小化されてしまうことに対して、その可能性を広げることについて議論を重ねているのだ。そこにおいてこそ文化人類学の領域で負債を論じることの意味があるだろう。だからマルクスやジル・ドゥルーズを基礎に置きつつ負債を語るマウリツィオ・ラッツァラートと、グレーバーとの間に差異が生じてくる。ラッツァラートからすれば、グレーバーの議論には産業資本、商業資本、そして金融資本という資本主義の成立プロセスやその構造の分析といった抽象的な議論は確かにないかもしれない。しかしグレーバーはこうした議論にも該当することができるような具体的な事例を綿密に拾い上げ、資本主義とその生成過程を論じている。それはあたかも、ジャン゠ポール・サルトルとクロード・レヴィ゠ストロースとの間に人間の主体性の見方について差異が生じているように異なる。人間は債務を負うことで生きる側面が確実にある。同時に、そうした人間が存在しなければ世界も存在しない。世界が存在する基盤は人間にあり、基盤的コミュニズムの位相があるからこそ世界は存在可能なのだ。その意味で、世界は私たちが存在しなければ存在しない。だから世界は

私たち人間に債務を負うことになるとグレーバーは述べている。神も、自然も、私たち人間に、負債があると言えよう。ここ数百年の負債ではなく、数千年の負債を見ることで、私たち人間のあり方をもう一度見つめ直すべきなのだ。負債は返すし、返せない、否、返さない。（森元斎）

> → 13. 他性、29. 価値と倫理、31. アナキズムと贈与、33. アクティヴィスト人類学

グレーバー，デヴィッド（2004）『アナーキスト人類学のための断章』高祖岩三郎訳, 以文社.
───（2009）『資本主義後の世界のために──新しいアナーキズムの視座』高祖岩三郎訳・構成, 以文社.
───（2016）『負債論──貨幣と暴力の5000年』酒井隆史監訳, 高祖岩三郎・佐々木夏子訳, 以文社.
酒井隆史（2017）「赤と黒のあいだのマルクシズム」『現代思想』45(11): 246-269. 青土社.
サルトル，ジャン=ポール（1962）『弁証法的理性批判』竹内芳郎他訳, 人文書院.
ラッツァラート，マウリツィオ（2012）『借金人間製造工場──負債の政治経済学』杉村昌昭訳, 作品社.
レヴィ=ストロース，クロード（1976）『野生の思考』大橋保夫訳, みすず書房.
Lazzarato, Maurizio（2015）*Governing by Debt*. Semiotext(e).

31. アナキズムと贈与

キーワード：贈与、コミュニズム、交換と所有、モース、グレーバー

アナキズム（Anarchism）は、古代ギリシャ語の「an（非）-arche（支配）」に由来し、「あらゆる権力のない状態」を意味している。それは、支配する者/される者といった暴力に基づく統治や服従を拒否する思想・態度であり、同時に、個人が平等な関係をもとに自由に協力できる社会の創造を目指す政治理論・運動である。アナキズムの原理である「相互平等」「自主連合」「自己組織化」「相互扶助」等の諸概念は、19世紀のヨーロッパを中心に、反‒国家、反‒資本主義的な政治闘争や言論活動のなかで生み出されてきた。フランスのピエール・ジョゼフ・プルードンは著書『貧困の哲学』の中で、私有財産制・国家の廃絶、自由と平等を基礎とした共同体の自主連合を説き、ロシアのミハイル・バクーニンは、1848年革命以降数多くの民衆蜂起に身を投じ、アナキズムを国際的な運動/ネットワークとして組織化していった。

ただし、アナキズムの思想そのものは特定の時代、地域、個人による発明品ではない。むしろ自然や人間の本性の中に根ざし、過去から綿々と営まれてきた多様かつ具体的な生の営みのなかで育まれてきた。アナキズムという言葉を最初に用いたのはロシアのピョートル・クロポトキンだが、彼はシベリアの野生生物の観察を通して、生物が弱肉強食的な生存競争ではなく、自発的に互いを助け合う関係性を作り出すことで生存、繁栄している事実に注目し、この原理を「相互扶助（mutual aid）」と呼んだ。科学者として生命進化の鍵を探求していたクロポトキンは、自然と人間社会のなかに競争ではなく協力関係を基礎とする社会形成の原理が遍在していることを発見したのだ。

したがって、国家、資本主義、宗教がそれらを支える制度的暴力（軍隊、警察、裁判所、刑務所、銀行、教会、等々）によって社会を

上から統治／支配しようとするのに対して、アナキストたちはそれらを廃絶させることで古い社会の殻の内側から自由で平等な社会のモデルを生み出そうと試みる。アナキズムは、自由かつ平等に相互に結びつき、各人の能力と欲求の範囲の中でお互いに助け合う社会を作りだそうとする一つの理念であり、またその実現のための実践／知／表現なのだ。

フランスの人類学者マルセル・モースは、贈り物の授受、すなわち「贈与」という現象を古くから人間社会に存在してきた経済のあり方として捉え、さらに社会そのものを生み出す一つの原理であると考えた。彼の著作『贈与論』は、当時の民族学資料を駆使し世界各地の「未開社会」における契約の起源を探求することで、贈与を近代西洋の資本主義的経済とは異なる経済原理として描きだす試みだった。メラネシアのクラ交換、北米先住民のポトラッチからヒンドゥー法、ゲルマン古代法まで各地の贈与体系の比較分析を行ったモースは、贈与はその社会の法的、宗教的、経済的、政治的諸制度を一挙に表出するという特徴に注目し、それを「全体的社会事象」と呼んだ。そして贈与において、モノや財産、労働や消費は個人対個人ではなくある集団の成員もしくは集団と集団の間で交換・流通していくと指摘し、贈与は「全体的給付の体系」であると定義した。

ここで、贈与には資本主義と異なる交換と所有の論理が働いていることに気づく。資本主義においてモノは貨幣を媒介として売買される商品である。経済は政治や宗教、文化とは別個の活動領域と考えられ、市場で取引された後は売り手と買い手の関係は途切れ、所有者は個人としてモノを独占する権利を有する。これが資本主義における交換と所有の基本的な考え方だ。しかし、贈与において、モノには贈り主の人格や霊が付与されており、個人が完全に所有することはできない。モノはむしろ贈与に関わる者たちに「与える、受け取る、送り返す」という社会的義務を課す。この義務関係によってモノは一時的に個人や集団に属したのち、さらに交換のネットワーク内を移動し続けていく。人間もまたモノを媒介とすることで生まれた他者との関係性の中で生きていくことになる。モースにとって贈与とは、儀礼、饗宴、祝祭等の集団的な関与によって執り行われるものであり、経済だけでなく政治的、宗教的、法的、文化的な紐帯を生み出す共同体の構成原理そのものであった。

人類学者デヴィッド・グレーバーは、モースの『贈与論』の読み直しを通じて、アナキズムと贈与を現代において結びつける視座を提示する。彼によれば、これまで未開社会と呼ばれていた国家、資本主義的な市場を持たない社会の多くは、実際にはアナキストたちの社会であり、むしろ国家や市場を拒否する倫理的・道徳的な「変革のためのプロジェクト（Transformative Project）」（Graeber 2001）の帰結だったという。

　またグレーバーは、贈与が社会的関係を創出する力を「社会的創造性」（Graeber 2001:113）と呼ぶ。この社会的創造性には平等や友好関係だけでなく、その反対に階層性や負債、不平等な関係を生む可能性も含まれている。この贈与の持つ両義性のなかで、グレーバーはひとつの道徳律に注目する。平等な贈与関係にある集団間では、相互に担う義務について決してその成果を数値化や比較したり、等価の返礼を要求したりしない。つまり「計算を拒否する」振る舞いが道徳として集団間で共有されている、とグレーバーは指摘する。たとえ贈与関係であっても、もしそれを数値化や比較するのであれば、優劣やヒエラルキーに基づいた支配／被支配の関係が生まれてしまう。それを避けるためには、見返りを求めない／計算を拒否する振る舞いが贈与関係の中に内包されている必要がある。

　このような振る舞いは極めてアナキズム的な振る舞いであると同時に、未開社会に限らず私たちの日常生活のいたるところで行われているとグレーバーは指摘する。「私たちは同僚のためにレンチを取ってあげる時、相手にその見返りをいちいち訊ねたりはしない」と彼が語るとき、人々は自己の利益の最大化でも、等価の返礼義務でもなく、「各人はその能力に応じて貢献し、各人にはその要求に応じて与えられる」という相互扶助の理念に基づいて日常生活を営んでいることに気がつくだろう。グレーバーは、このような個人間の無数の贈与関係のネットワークを「基盤的コミュニズム」と呼ぶ。つまり、現代の資本主義社会のなかであってさえ、クロポトキンがシベリアで見出したような相互扶助的な関係性なしに私たちは社会生活を営むことは不可能なのだ。

　人類学者であると同時に熱心な協同組合主義者、社会主義者であったモースにとって、20世紀初頭のパリで「基盤的コミュニズム」の紐帯を回復させる方法は、生産者たちによる自主管理的なネット

ワークの形成にあった。自主管理組合を通じた生産と消費の自律的な回路を作り出し、生産者が不断に行う贈与（生産）に対しては社会福祉制度の拡充を通じて道徳的に保障することが、彼にとっての草の根的な「変革のためのプロジェクト」の青写真だった。グレーバーも贈与そのものを「近代の中の隠れた顔」として捉え直し、現代の私たちの社会へと再接続させると同時に、「低理論（Low Theory）」と呼ぶ現代におけるアナキズムの諸実践（直接行動、合意形成、スポークス会議）を、フェミニズム、アメリカ先住民、クエーカー教徒、サパティスタなど、抑圧状況の下で抵抗し、自律を求める人々の諸実践から学び直すことを呼びかけている。

　また人類学者ジェームズ・C・スコットは、東南アジアの丘陵地帯「ゾミア」に生きる山地民を調査し、彼らの社会を特徴付けている狩猟採集、焼畑、無文字といったこれまで「原初的」とされた諸特徴が、実は稲作と文字による国家システムの統治と管理から逃れるための抵抗の技術であり、集団の自律性を守る政治的選択の帰結であると論じた。そして、このような自律性を守る実践は、現代においても労働のサボタージュ、市民的不服従、暴動といった形で国や時代を超えて幅広く行われていると指摘する。これらの人類学者の視座を介して、未開社会における贈与やアナキズム的抵抗の諸実践を、自分たちの暮らしや社会のなかに接続していく回路が開かれることになる。

　繰り返しになるが、アナキズムも贈与も特定の個人が発明した主義や理論ではない。それらは自然の営み、人間の暮らしのなかで綿々と営まれてきた多様で具体的な生の態度、知恵のあり方を指し示す名前であり、時代や地域を超えて繰り返し現れてくる理念／行動様式だ。だから、私たちはどんな時代、どんな場所にいても、アナキズムと贈与を直接的に経験し、知り、学ぶことができる。そうすることで、私たちは日々の生の中に自由、平等、相互扶助の精神が混じり合い、共振しつつ「いま・ここ」で息づいていることに気づくことができるのではないか。「変革のためのプロジェクト」は共通の理解に基づいた人々の相互行為によって現実化していくが、そのためには変革を実現する手段そのもののうちにその理念（平等、自由、相互扶助）が反映されていなければならない。アナキズムと贈与。この二つの言葉は、その気づきのための最初の入り口、通路なのだ。（江上賢一郎）

→ 23. 地域、29. 価値と倫理、30. デヴィッド・グレーバーの負債論、32. 主権、33. アクティヴィスト人類学

森元斎（2017）『アナキズム入門』ちくま新書.
グレーバー, デヴィッド（2006）『アナキスト人類学のための断章』高祖岩三郎訳, 以文社.
クロポトキン, ピョートル (2017)『〈新装〉増補修訂版 相互扶助論』大杉栄訳, 同時代社.
スコット, ジェイムズ・C（2013）『ゾミア——脱国家の世界史』佐藤仁監訳、みすず書房.
モース, マルセル（2008）『贈与論（新装版）』有池亨訳, 勁草書房.
モース研究会（2011）『マルセル・モースの世界』平凡社新書.
Grabber, David（2001）*Toward An Anthropological Theory of Value : The False Coin of Our Own Dreams*, Palgrave Macmillan US.（以文社より近刊予定）

32. 主　権

キーワード：アガンベン、部分的主権、オング、段階づけられた主権、国家の文化的構築

「複合的、暫定的で、つねに異議申し立てされるものとしての主権」(Hansen & Stepputat (eds.) 2005)、「不連続で重複しあう主権の配置」(Comaroff & Comaroff 2007)、「ローカライズされた主権のかたち」(Humphrey 2007)。これらが、近年の人類学における「主権」という言葉の使われ方の一部である。これらを並べてみるだけで、人類学者が主権という概念のどのような点に関心を持っているか、見えてくるだろう。

　主権は、ふつう、国が独占するものだと思われている。日本のなかにいれば、どこに行っても警察が国の定めた法律にもとづいて同じように違反を取り締まっているだろうと、私たちは期待している。ある町に入ったとたん、見たこともない屈強な連中に聞いたこともない法律で取り締まられると考えたら、ぞっとするだろう。しかし、「そうあるべきだ」という理念を離れて「事実上の」主権を観察するならば、それは現実に世界の各地で起きていることではないだろうか？ある地域や領域を非公式にコントロールする人びとは、さまざまなかたちで存在している。それらを（いかに断片的で不完全であるにしても）事実上の主権ととらえるならば、複数の主権が重なり合い競合し合いながら存在している状況を描き出すことができる。これが、主権をとりあげる人類学的研究の主要な関心である。それらの研究の多くは、一般の法秩序から外されて暴力の対象となる「剥き出しの生」が（例えば難民のようなかたちで）生み出され続けているとするジョルジョ・アガンベンの考察（アガンベン 2003）に刺激を受けつつ、国家主権に対する「例外」の具体的なあり方を明らかにしようとしている。

　例えば、キャロライン・ハンフリーによるポスト社会主義ロシ

アの地方都市の事例を見てみよう (Humphrey 2007)。この町では、ソビエト崩壊後にバスによる公共交通網が完全に崩壊したが、それに代わって自分の車を使って個人的にバス稼業を始める人が増えていき、いくつものバス路線へと整えられていった。しかし、このように自発的に調整されてきた「道路 (marshrut)」システムは、マフィアによる介入を生み、それぞれの路線はマフィアの保護を受ける代わりに上納金を払わなければならなくなった。また、頻繁に会合が行われ、規則に反する運転手は処罰されるようになった。こうして、「道路」システムは独自の規則を備え、当局も介入が難しいパラレルな領域となった。しかし、この違法な領域に対する評価はアンビヴァレントである。運転手たちは必ずしもマフィアを否定的にはとらえず、路線に出れば出るだけ稼げる自由な「道路」システムをソビエト時代と比較して評価していたという。

　とくにポスト植民地国家やポスト共産主義国家においては、他にもギャング組織、自警団、インフォーマル経済、コミュニティ独自の紛争解決などさまざまな「ローカライズされた主権」の例を見つけることができる。しかし、これらの例がみんな同じように「とがめられることなく規律を課したり処罰したり殺したりする力」(Hansen & Stepputat 2006) としての事実上の主権を持っているわけではない。そのなかには、より階層的なものもあり、より平等主義的なものもある。国家の外部にあらわれる新しい主権は、アガンベンが考えるように一様ではなく、それぞれに独特の「生のかたち」を備えている。民族誌的なアプローチは、その多様性を明らかにできる。

　このような主権へのアプローチは、「失敗した」「破たんした」国家だけに限定されるものではない。より目立たないかたちであれ、「北」の諸国にも同じ問題は存在していると考えられるからだ (Comaroff & Comaroff 2007)。したがって、「北」におけるより微妙な状況を見つけ出して描写するためのモデルとして、このアプローチを用いることができるだろう。

　多元的な主権の状況は、グローバリゼーションにともなう国家の統治能力の縮小（「国家の退場」）と結びつけて論じられることも多い。しかし、むしろ統治の仕組みが再編成されているのだという見方もある。アイファ・オングは、グローバルな経済的競争に適応するために、国家は領土や人びとを複数のゾーンに切り分けて統治するようになっ

ているとして、その状況を「段階づけられた主権」と呼んでいる（オング 2013）。そこでは、一つの国に住む人々が同じ法律にしたがい同じ権利を持つというという前提は切り崩され、エリートや労働者などそれぞれのゾーンに属する人々は、国全体として競争力を上げるためにそれぞれ異なった管理体制におかれることになる。例えば、シリコンバレーでは、アジア系電子製品下請け工場が、厳しい規律をともなう劣悪な労働条件でアジア系女性移民労働者を雇用している。言語能力が限られているせいで民族的ネットワークを通して仕事を見つけるしかなく、また同じアジア系である雇用者との関係を親族的な語彙でとらえているため、違法な状況にあっても彼女たちは雇用者を批判せずひどい待遇を受け入れている。ハイテク産業がアメリカ経済に貢献しているために黙認されているこのような「飛び地」は、同じアジア系でも豊かなエリートが住むゲート・コミュニティとは異なる管理体制におかれている。また、東南アジア諸国においては、経済発展のために役に立たないとみなされる先住民は、意図的に統治されない領域に放置されているという。このように考えると、非公式の主権の出現を、国家の能力の欠如ではなく、広い意味での「民間」へと主権を必要に応じて「委任」する戦略としてとらえる可能性が見えてくる。

　それでは、じっさいには国家の支配は縮小しつつあるのか、それとも新しい統治のテクノロジーを用いてその支配を拡大しているのか、と問いたくなるかもしれない。しかしその時、まるで国家がモノとしてそこにあって、空間的に伸びたり縮んだりしているかのように、人類学者自身が語ってしまう危険に注意する必要がある。現実は、より複雑だ。先のロシアの例では、確かにバス路線の運営においては当局による管理の外にあった。しかし、バスはきっと警察が取り締まる交通規則を守って運行していただろう。したがって、彼らはある「部分」においては国家機関の統治のもとにあり、別の「部分」においてはそこから外れている。マフィアが持つのはある空間に対する全面的な力ではなく「部分的主権」であり、見方によって国家の内側にいるとも外側にいるともいえる。

　しかし同時に、「国家」が意志を持って行動する実体であり、自分たちがその内側や外側にいるかのように、私たちが日常的に語るのも確かだ。したがってむしろ、役人などとの日常的な相互行為を通して、国家とその外部についてのどのような想像力が生み出されている

いるか(「国家の文化的構築」(Sharma & Gupta 2005))が問題となる。主権の行き届かない「ヤミの領域」についての語りを通して、私たちは国家主権の領域を想像し、社会秩序を確立し守らなければと思うかもしれない。逆に、腐敗した国家についての語りを通して、それとは異なる私たちの領域を道徳的なものとして想像し、「違法だが不正ではない」実践を正当化するかもしれない(中川 2014)。このような内と外の想像力は、じっさいに人びとが国家の管理にしたがっている度合いからは独立している。例えば、筆者が現在調査している、ラオスから難民としてやってきてフランスで農民となったモンの人びとは、ほとんどの面において良き市民だ。しかし、不法労働取り締まりのターゲットとされるなかで、自分たちを「国家」の外に位置する存在として再認識するようになっている。このような、国家と周縁が同時に作り出されるプロセスの理解を通して、多元的な主権の複雑なあらわれについてさらに考えていく必要がある。(中川理)

→23. 地域、29. 価値と倫理、30. デヴィッド・グレーバーの負債論、31. アナキズムと贈与

アガンベン、ジョルジョ(2003)『ホモ・サケル:主権権力と剥き出しの生』、高桑和巳訳、以文社.
中川理(2014)「国家の外の想像力」『社会人類学年報』40:36-51.
オング、アイファ(2013)『《アジア》、例外としての新自由主義』加藤敦典・新ヶ江章友・高原幸子訳、作品社.
Comaroff, Jean and John Comaroff (2007) "Law and Disorder in the Postcolony," *Social Anthropology*, 15(2): 133-152.
Hansen, Thomas Blom and Finn Stepputat (eds.) (2005) *Sovereign Bodies*, Princeton University Press.
Hansen, Thomas Blom and Finn Stepputat (2006) "Sovereignty Revisited," *Annual Review of Anthropology*, Vol. 35: 295-315.
Humphrey, Caroline (2007) "Sovereignty," in David Nugent and Joan Vincent (eds.) *A Companion to the Anthropology of Politics*: 418-436, Blackwell Publishing.
Sharma, Aradhana and Akhil Gupta (2005) "Introduction: Rethinking Theories of the State in an Age of Globalization," in Sharma, Aradhana and Akhil Gupta (eds.) *The Anthropology of the State: A Reader*: 1-41, Blackwell Publishing.

33. アクティヴィスト人類学

キーワード：アナーキスト人類学、ティヨン、マック、グレーバー、ＮＹ州立大学「アクティヴィスト人類学者のツールキット」

　「アクティヴィスト人類学」というものは存在しない。それは、経済人類学や政治人類学のような人類学のサブカテゴリーやスクール（学派）としては存在しない、という意味である。アクティヴィスト人類学というものは存在せず、まれに「アクティヴィスト人類学者」と呼ばれる者たちがいるだけである。その数は決して多くはないものの、それでもアクティヴィスト天文学者やアクティヴィスト人工知能学者に比べれば、ずっと多いはずだ。それは、そもそも人類学という学問が、いま・そこで生きている生身の人間たちとその社会を対象とする学問だからで、彼女自身アクティヴィスト人類学者であったジェルメーヌ・ティヨンの言葉を借りれば、人類学は「観察者と観察対象とが根本的にむすびついている」からである。したがって「アクティヴィスト人類学とは何か？」と問うなら、アクティヴィスト人類学者とは誰で、どこにいて、何をおこなっているのか、そして人は、いかにしてアクティヴィスト人類学者となるのか、と問うべきだろう。

　では、アクティヴィスト人類学者とは誰なのか？　まず、ナチス時代にフランスの対独レジスタンス活動に加わり、強制収容所で３年を過ごした後、アルジェリア戦争で紛争解決の任務にあたったジェルメーヌ・ティヨンがそうだろう。さらに、90年代のグアテマラ内戦時、国内避難民グループの政治活動に協力したために、軍の特殊部隊によって暗殺されたミルナ・マック、また近年では、「オキュパイ・ウォール・ストリート」をはじめとする北米の「グローバル・ジャスティス・ムーヴメント」をオーガナイズしてきたデヴィッド・グレーバーの存在があげられ、それとほぼ同時期、「イルコモンズ」という

作家名で、3.11以後の脱原発運動をはじめとする国内の様々な社会運動に関わってきた私も、そのひとりということになるだろう。ただ、ツヴェタン・トドロフが指摘しているように、一般に人文科学者たちのあいだでは、個人的体験や政治的関与を自らの研究対象に含めることをためらう傾向があり、ティヨンですら、アクティヴィストとしての自らの活動について書いたものはあくまで「断片」にとどまっている。また、非業の死をとげたマックにいたっては、ほとんど何も残されていない。例外は、「私は人類学者だが、場合によって、いろんなものをオキュパイする。ただし、アナーキズムは身分ではないので、アナーキスト人類学者を名のることはない」と、自らのツイッターのプロフィールに記しているグレーバーだろう。

グレーバーには『アナーキスト人類学のための断章』という著書があり、マルセル・モースやピエール・クラストルといった人類学者たちをひきあいに、思想としてのアナーキズムと人類学の近親性を指摘しつつも、「アナーキズム人類学は実際には存在しない。ただ、その断片が散らばっているのみだ」と書いている。それはアクティヴィスト人類学者も同様で、彼／女たちが、どこにいるかといえば、ジャンルやスクールを形成しない人類学の断片や余白の中に散らばっているというほかない。

一方、いわゆる「アームチェアの人類学者」がいない以上に、「アームチェアのアクティヴィスト」はいない。それは彼／女たちが調査地である「フィールド」にいるという意味ではない。人類学者の久保明教は、人類学の活動領域として「調査対象地・民族誌・受容環境」という「人類学的三角形」を提示しているが、これでいえば、ティヨンとマックは「調査対象地」と「需要環境」が主な活動の場だった。一方、グレーバーや私の場合、ともにアフリカを「調査対象地」としながらも、主な活動の場は調査対象地ではなく、「民族誌」と「受容環境」である。

では、アクティヴィスト人類学者たちはそこで何をしているのか。ティヨンは、レジスタンス組織のオーガナイズと占領地からの逃亡支援活動、そしてフランス政府とアルジェリアの武装勢力とのあいだの仲介などを行った。マックは、グアテマラ軍事政権に対する国内避難民の声明文の起草に関わった（そのために命を落とした）。他方、グレーバーは、非暴力直接行動を行う「アフィニティ・グループ」（中

心をもたない少人数のアクティヴィスト・グループ）のオーガナイズをはじめ、デモや占拠などへの参加、ワークショップでのレクチャー、そして同時代のアクティヴィズムの方法論についての民族誌の執筆と大学での教育が主な活動である。私も、グレーバーとほぼ同様だが、原発の再稼動に反対するグループのひとりとして首相官邸に行き、当時の首相に会って、直接、脱原発の主張を伝える役目をひきうけたこともある。

　人類学者にこうした活動が行えるのは、かならずしも個人的資質や信念のためばかりではなく、もともと人類学者が身につけている職能と関わっている。146頁の資料「アクティヴィスト人類学者のツールキット」は、ＮＹ州立大学のリチャード・ロビンスの文化人類学の講義の受講者たちが2001年にまとめたもので、大学の講義で教材として使うために私が翻訳しデザインしなおしたものである。ここには人類学者たちが職能として身につけてさまざまな「知識」「訓練」「視野」「経験」がアクティヴィズムの活動にいかに役に立つかが示されている。これをみれば、アクティヴィスト人類学というものは存在しないとしても、そのポテンシャルはすでに・つねに人類学（者）の中に断片として内在していることが分かる。

　では、人はいかにしてアクティヴィスト人類学者になるのか。

　グレーバーの場合、99年にシアトルで行われたＷＴＯ（世界貿易機関）への抗議行動がきっかけで、「私が図書館に埋もれていた間に、存在するといいと思っていた運動が私の目の前に現れた」という思いからだったという。マックについては分からないが、ティヨンは、レジスタンスに参加したのは「理性とはほとんど縁のない愛国的本能」からだったと述べ、そもそも人類学とは「ユマニスム」を学ぶ学校であり、強制収容所での体験こそがまさにそれだったと書いている。

　では、私の場合はというと、理想や愛国心からではないし、正義感ともちがう。そうではなく、先の「ツールキット」であげられている職能を私は、人類学から贈られた「ギフト」だと考えていて、そのギフトを必要としている場所に贈与したいという思いがあるからだ。作家の村上春樹は「高くて硬い壁と、壁にぶつかって割れてしまう卵があるときには、私は常に卵の側に立つ。［…］もし壁の側に立って書く作家がいたとしたら、その仕事にどんな価値があるというのでしょう」と述べているが、それと同じで、卵である「民」の側に立た

ない人類学者がいたとしたら、その研究にどんな価値があるのだろうと、私はそう思っている。（小田マサノリ）

→ 30. デヴィッド・グレーバーの負債論、31. アナキズムと贈与、32. 主権

小田マサノリ（2013）「人類学のギフト」『来たるべき人類学』第 2 号，春風社.
久保明教（2016）「方法論的独他論の現在——否定形の関係論にむけて」『現代思想』44(5):190-201, 青土社.
ティヨン，ジェルメーヌ著、トドロフ，ツヴェタン編（2012）『ジェルメーヌ・ティヨン——レジスタンス・強制収容所・アルジェリア戦争を生きて』小野潮訳，法政大学出版局.
グレーバー，デヴィッド（2006）『アナーキスト人類学のための断章』高祖岩三郎訳，以文社.
歴史的記憶の回復プロジェクト編（2000）『グアテマラ虐殺の記憶　真実と和解を求めて』飯島みどり・新川志保子・狐崎知己訳，岩波書店.

アクティヴィスト人類
The Activist Anthropologist's Tool

文化的偏見に関する知識

【知識】

- 公的シンボルを認識し、操作する知識
- 「自然」の制約と文化的な制約を見分ける知識
  人類学者は、ある種の行動や信念を「当然のこと」とみなす主張をくつがえすことに長けている
- 好ましい変化を妨げているイデオロギーを特定し、それを「露呈させる」ための知識
- 運動の動員に関する、過去の成功（あるいは失敗）に人びとの意識をうながす知識
- 自らの文化的偏見に関する知識
- ある種の解決策には限界があるという知識
  （例：男性がコンドームの使用を拒む文化でコンドームをエイズの解決策とすること）
- 文化的習俗がはたしている機能についての知識
  （例：病因論としての妖術）
- 文化のなかで許容される抵抗の度合いとそれがふくむリスクを考慮する知識
- ある状況のもとで「エティック」な特性のものと「エミック」なものとを見分ける知識

【訓練】

- 特定の事象に関する情報を収集するために客観的な観察と確立された「科学的」な手法を活用する訓練
- 多様な文化的環境で、さまざまな文化的背景をもった人びとと、行動を共にできる訓練
- 状況を歴史的・文化的に分析し発展へとつながる歴史・文化的な変遷をみきわめる訓練
- 社会の動きのなかで、すぐれた組織者や計画立案者となる訓練

[原案] ニューヨーク州立大学「アクティヴィスト人類学」受講生 http://faculty.plattsburgh.edu/richard.robbins/leg

学者のツールキット

compiled by students at SUNY at Plattsburgh in Ant 451, Activist Anthropology

運動の組織化と計画立案

【視野】文化相対主義

- 人間社会の営みを、人びとの信念や行動を支える経済的、政治的、社会的、文化的、精神的な基盤まで含めて、包括的にとらえようとする視点
- さまざまなグループの意見を尊重し、その異なる見解に共感し、論争を「あらゆる立場」からとらえる視野
- 紛争や衝突の申し分のない調停役となれる視野
- 紛争のなかで人びとにとって明らかでないかもしれない問題を特定する視点
- 自民族中心主義にかたむくことををおさえる通文化的な視野
- 自らの文化的偏見について考えさせる文化相対主義の視野
- その土地固有の解決策や戦術を尊重し、活用する視野

通文化的視野

- 望ましい変革をもたらすために必要な関わり方の度合いを人びとに気づかせる経験
- さまざまな状況のもとで、さまざまな人びとと行動を共にする訓練。社会・文化的な境界を越えて行動することを可能にする経験
- 独創的で、新しい考えや経験をオープンにうけいれることができる経験

【経験】文化的境界を越える

vist_toolkit.html　[翻訳／作図／再編集] 小田マサノリ「文化人類学解放講座」http://illcommonz.exblog.jp/

34. 交差する現代思想と文化人類学

キーワード：相関主義批判、道具、モノ、布置、交差交換

　文化人類学と現代哲学という二つの領域で、今世紀になって浮上してきた傾向として、人間と自然（およびモノ）の関係そのものを、根底から問い直そうとする動きがある。たとえばヴィヴェイロス・デ・カストロは、西洋文明が諸文化を相対主義的に捉える視点を持っているにもかかわらず、唯一の客観的な自然しか認めていないことに異を唱えている。非 - 人間のパースペクティヴから捉えられた世界が、多種多様にあり得るというのだ。一方で哲学においても、対象世界が人間主体と相関的なかたちでしか捉えられていないというカンタン・メイヤスーの批判（相関主義批判）が注目を集めているが、これもまた人類不在の世界がいかにあり得るかを問題にしたものである。むろん、近代的主体の批判や人間中心主義への批判は二〇世紀にもあったが、さまざまな非 - 人間が世界を捉える中心的な位置に立ちうる、さらにはモノがある種のパースペクティヴを持ちうるという奇妙な論点は、近年になって登場したものだ。

　オブジェクト指向哲学を主唱するグレアム・ハーマンを例にとってみよう。彼はハイデガーの道具分析という議論を発展させ、モノとモノとが互いに、絶対的に独立してあることをとりわけ強調している。マルティン・ハイデガーにおいては、世界はなんらかの目的をもった《道具》が連関しあって出来ているとされた。この連関に不確定さを持ち込むのは、みずからの実存そのものだけを目的として持つ人間である。人間の手許にあるとき、《道具》は不確定な存在になるとハイデガーは言う。これに対しハーマンは、それぞれの《道具》やモノそのものが、人間存在抜きですでに《汲み尽くし得ない》不確定性の軸なのだと主張するのだ。

　さまざまなモノ、対象、あるいは《道具》が考えられるにせよ、従来はそれらを結びつける中心的な媒体はあくまでも人間主体であっ

た。対象世界が、いかに多様性や差異を孕んでいようと、それらをなんらかの整合性のうちに回収するのは主体の働きであり、その過程で主体そのものが変質を蒙る（こうむ）としても、主体の対象に対するこの特権的な関係は変わらなかった。対象世界が差異や多様性に満ちているにしても、それはあくまでもこうした特権的な主体から見た剰余、外部としてなのである。ポスト構造主義までの思想は、そうした意味での差異性に対して、開かれる余地を主体に残しておくための理論だった。従来の哲学においては、対象世界が主体から真に独立したものとして捉えられておらず、主体と対象は相関的にしか語られてこなかったとするメイヤスーの今日の批判も、そうした状況に向けられたものである。主体とは別に、対象や《道具》を媒体とすることによって、このような構図を転倒しようというのが、現代哲学が到達せざるを得なかった、あらたな傾向なのだ。ハーマンが語るオブジェクトもそうだし、人間不在の世界から思考を出発させるメイヤスーもまた、そうした傾向を共有している。

　モノそのものは、それを知覚する人間からは《汲み尽くし得ない》外部にある。それは、あくまでも人間という主体に現れる限りでのモノ＝対象しか、近代以後の哲学が扱ってこなかったからである。しかしそれ以前に、モノとモノも互いに、そのような関係にあることを私たちは考えてこなかったのではないか。あるモノから見て、他のモノは表面的なその現れ（感覚的オブジェクト）としてしか姿を見せていない──ハーマンはそのように語る。モノにはその隠された（脱去した）、外部（実在的オブジェクトの部分）があるというのだ。モノとモノの不確定な相互関係をとらえるためには、人間主体によるパースペクティヴだけでなく、モノから見たモノ、《モノのパースペクティヴ》から見られたモノを考察しなければならない。モノや非‐人間を媒体に、複数のモノとモノの関係を考える発想が、現代哲学において、次第に重要であると見なされるようになってきたのである。

　モノや《道具》へのこうした着目、そしてそれによって従来の方法論を批判しようとする態度は、人類学でもマリリン・ストラザーンの議論に典型的に現れている。ポストモダンの社会学や批評理論の人類学版である再帰人類学においては、異文化のうちに身を置き、その文化の内側を体現して語る特権的な《語り手》といったものが否定された。しかし旅人としての《語り手》が、複数の文化に同時に身を置

き、母文化すら相対化しつつ、それらをつなぐ欠如項的な媒体として、そこでも相変わらず機能している。こうした類の文化相対主義は、諸文化をただ断片的な形でしか提示することができないとストラザーンは批判する。

　これに対し彼女が重視するのは、《道具》＝モノという媒体である。ある集団を特定の布置（図、フィギュール）のもとに結びつけるのは、媒体としての《道具》である。つまり、その《道具》を巡って、なんらかの解釈をし、特定の関係（布置）を描き出すわけだ。このとき同じ《道具》が、隣接する別の社会集団のもとでは異なる解釈を与えられ、違う布置を描くこともある。こうした場合に、この《道具》はそれらの集団どうしの文化を相対化しつつ繋ぐ、媒体になっている。このとき、それぞれの人間集団が読み取る用途に先んじて、そうした《道具》＝媒体はすでにある。《道具》やモノの《汲み尽くしがたさ》にハーマンが着目したことについてはすでに触れたが、《道具》＝媒体はストラザーンにおいても、人間の予期をたえず逸脱する存在であり、そこにモノ＝《道具》というものの《汲み尽くしがたさ》もまたある、と言えよう。

　なんらかの《道具》はある集団では中心的な機能を果たし、他の集団ではそうではない、といった風に違った機能をする。また同時に、他の集団にはさらに、中心的な機能をはたす別の《道具》なども存在しうるだろう。《道具》は集団が描く布置（図）と、他の集団の描く布置（図）を部分的に繋ぐし、他方で布置（図）そのものも、すでに他の《道具》を含む媒体となっているのだ。こうした構造によって、媒体としての《道具》と、布置（図）は固定されることなく、それぞれ多様な姿を採る。諸文化は布置（図）の布置（図）といった最大の構造に回収されるのでもなく、再帰人類学のように単なる断片になるのでもなく、あくまでも部分的に繋がってゆく。最大の構造が成立しないということは、裏を返せば、どの部分にも複雑なモノ＝《道具》と布置（図）の交差交換の複雑な関係が見出されるということであり、いたるところでそれが予示されるということである。

　《道具》＝モノが、さまざまな人間集団の振る舞いを相対化する基軸となるとともに、そうしたモノそのものも複数現れるストラザーンの方法は、主体中心の発想と、世界の多様性をただ、人間主体との相関性から逃れた剰余とみる考え方を、とうに超えている。哲学がよ

うやく、西洋近代の思考の限界がどこにあるのか気づき始めた今日、人類学から得られる示唆はきわめて豊かである。現代思想が今後なし得るのは、主体中心のこれまでの相対主義を超え、モノを中心的媒体に繰り込む理論を、地域的な文化事象にとどまらず普遍化することであり、またそうした視座から自然科学そのものをも捉えなおすことであろう。（清水高志）

→ 01. 再帰人類学、03. 存在論をめぐる論争、04. パースペクティヴィズム、27. 「もの」の人類学、35. 虚構と実在

ストラザーン，マリリン（2015）『部分的つながり』大杉高司・浜田明範・田口陽子・丹羽充・里見龍樹訳，水声社.
ハーマン，グレアム（2017）『四方対象：オブジェクト指向存在論入門』岡嶋隆佑・山下智弘・鈴木優花・石井雅巳訳，人文書院.
メイヤスー，カンタン（2016）『有限性の後で：偶然性の必然性についての試論』千葉雅也・大橋完太郎・星野太訳，人文書院.

35. 虚構と実在

キーワード：多文化主義、多自然主義、アクター・ネットワーク、パースペクティヴィズム、虚構の近代

　これまで僕たちは世界を一つの実在と複数の虚構という図式で捉えてきた。例えばアメリカ先住民の世界観と日本人がもつ世界観は異なるという時、僕たちは暗黙の裡に両者は物理的な基盤を共有している一方でその環境を解釈する言語的枠組みや文化的形式が各々異なっているという前提の元で発言してきた。つまり、そこには目の前にある対象Xは文化的枠組みAを通して見ればAに、文化的枠組みBを通して見ればBに見えるという前提が存在していた。一つの確固たる実在Xに対してAとBという虚構があるというわけである。

　確かにその前提は客観的に見ればある種の正しさを湛えているように見える。しかしそもそも、古代ギリシアで始まった哲学的思考が先祖や神々を共有しない異邦人に対して行為の意味を説明しなければならない状況下で始まったことを忘れてはならないだろう。哲学的思考は異邦人に納得されうる理由を与えることで異なる虚構間を覆い尽くす共同体を建設するという目的を持っていたのである。それは今振り返ると、一つの実在と複数の虚構という図式においてAとBが接触する際に大きな問題を孕んでしまうことを先取りしていた。両者を橋渡しする媒介がなければ枠組みAをもつ人と枠組みBをもつ人は対話する術を失ってしまう。その解決策として古代ギリシアから続くプロジェクトは始まったのである。そして今や、そのプロジェクトは西洋中心主義とみなされ、破綻してしまった。一つの実在と複数の虚構という図式は古代ギリシア以前へのある種の回帰でもあるのだ。それは他者に対する帝国主義的な介入を抑制することを引き換えに、他者を超越的で共訳不可能な触れられないモノへと変化させてしまったのである。

他者を超越的なモノへと転化することは自らの枠組みを他者に押し付け、他者へ自らの価値体系を投影してきた歴史への反省から生じている。しかし、原則として他者への敬意－考慮は無条件であると主張したところで、テロ対策や安全保障など具体的他者と直面すれば他者を友人か敵か判断しなければならない。つまり、具体的なコミュニケーションや実践的な政治の現場では他者の超越性は何も機能しないのである。古代ギリシアのプロジェクトが破綻した後、僕たちに残された共通の前提は快 / 不快といった感情的前提だけであった。現代のように複数の価値体系が混濁する世界をこれまでの図式で眺めると、僕たちの間にはコミュニケーションを媒介してくれるような共通の基盤は感情しか存在せず、社会は世代や趣味によってバラバラになり、人々はただただ一つの実在の上を漂う様々な広告や扇動を消費するだけのように捉えられる。それは多文化主義が一般化しつつもポピュリズムが各国で席巻していることからも明らかであろう。今や僕たちは理性とは別の仕方で交流の前提を理論的に構築しなければならないのだ。

　既述したようにこれまでの図式は行き詰まりを見せている。しかし他方で、希望もある。日本にも既存の図式とは異なる方法で世界を描き出そうとする議論が紹介され始めているのだ。例えば、ブリュノ・ラトゥールのアクター・ネットワーク理論やエドゥアルド・ヴィヴェイロス・デ・カストロのパースペクティヴィズムや多自然主義は、一つの確固たる実在を前提とすることなく、関係論的存在論から世界を素描しようと試みる方法である。

　アクター・ネットワーク理論では、アクターは人間だけでなく他のアクターの状態に差異をもたらすものは全てアクターとして扱われる。あらゆるアクターは他のアクターとの関係によって初めて特定の形態や性質をもつ。そして、そのアクターの諸関係＝ネットワークによって再帰的にアクターは変化しつづける。よって、そのネットワークはあくまで不安定なものであるが、人間のスケールで見た時に相対的に安定し一定の持続性をもつとき、それらの虚構は確定的なものとして考えられるようになる。ラトゥールは化学の発見のように、一見

動かしがたい実在として扱われる対象を精緻に分析することで、ネットワークが安定化していく過程を描きだすのだが、それは虚構が実在性を獲得していく過程を描くことを意味しており、その実在があくまで確固たる実在ではなく制作された実在性に過ぎないことを暴き出す。ラトゥールの前提にはアクターとその諸関係の流動的変化と安定化過程が存在するのみであり、所与の実在は存在しない。つまり、彼は世界を一つの実在と複数の虚構という図式ではなく、複数の虚構とそれらが実在性を獲得する過程という図式で捉えているのである。

　また、ヴィヴェイロス・デ・カストロのパースペクティヴィズムもラトゥールと同様に、実在的な同一性ではなく関係的な親和性＝姻戚関係を肯定されるべき価値として取り出している。彼はアマゾンの民族誌を読み返す中で、インディオたちにとって人間性は所与の実体ではなく、食う‐食われるという相対的な立場の中で引きだされる情動や能力の束であり、それこそがパースペクティブの起源なのだと論じる。つまり、人間性とは関係の網目の中で創発されるものであり、あらゆる動物がもち得る一つの条件なのである。インディオたちは確固たる実在を所与とせず、視点と関係から流動的に世界を捉える。その世界の中で他者性とは超越的なものではなく、引き受け、身に帯びるものとなる。何故なら、そうすることで初めて彼らは視点＝人間性を獲得しうるのだから。つまり、彼らにとって他者とは鏡ではなく、目的地なのである。

　彼らはヨーロッパ的図式が孕んでしまう自らの同一性を他者に押し付けるという偏執的な欲望をもつこともなければ、他者を過剰に超越化し拒絶することもない。彼らの社会は「他者との関係を通じて社会体が構成される形式、換言すれば、他者を取り込むためには自分自身から出ることが必要であるような形式」なのだ。内部の実在を所与とせず、他者を内側に取り込むという不断の過程だけが存在する。つまり、内部は、外に向かう外を取り込む運動以外の何物でもないのである。彼の図式を引き受けると、文化を、「一つの信念の体系ではなく、むしろ——それは何かでなければならないので——多様な伝統的内容を支持し、また新しい内容を吸収することのできる、経験の潜在的な構造化の総体である。すなわち、それは文化化する装置、あるい

は信念を加工処理する構成的な装置」として捉えかえすことが可能になるのである。

　ラトゥールやヴィヴェイロス・デ・カストロの提示する図式は、これまで多文化主義が抱えてきた一つの実在と複数の虚構が孕む問題を別の可能性へと拡張している。何故なら、ラトゥールにとって西洋近代が前提とする実在とはある過程を経ることで相対的に持続性を得ているだけの虚構であり、それは別の虚構へと新たに関係を組み替える可能性を持っているからである。またヴィヴェイロス・デ・カストロにとって、文化とは一つの信念の体系ではなく、他者を取り込みその同一性＝実在を変容することを可能にする装置であった。それは他者とのコミュニケーションを合理的共同性でも感情的基盤に頼るのでもなく、共に取り込みあいながら共に変容する過程として思考する方法を示しており、鬱屈した「虚構の近代」を解体し、新たな虚構たちへと突き進む複数の道を切り開いてくれるのである。（上妻世海）

> →03. 存在論をめぐる論争、04. パースペクティヴィズム、07. 対称性人類学、19. 捕食、34. 交差する現代思想と文化人類学

ヴィヴェイロス・デ・カストロ，エドゥアルド（2015）『インディオの気まぐれな魂』近藤宏・里見龍樹訳，水声社.
ジジェク，スラヴォイ（2004）『身体なき器官』長原豊訳，河出書房新社.
ラトゥール，ブルーノ（2007）『科学論の実在——パンドラの希望』川崎勝・平川秀幸訳，産業図書.
——（2008）『虚構の「近代」——科学人類学は警告する』川村久美子訳，新評論.
リンギス，アルフォンソ（2006）『何も共有していない者たちの共同体』野谷啓二訳, 洛北出版.

36. シンギュラリティ

キーワード：AI、ロボット、技術決定論、ジャガー人間、機械人間

　「AI」（人工知能）は、2010年代に再び大きな社会的注目を集めるようになった。You Tube動画から猫の画像認識を学習するグーグルのアルゴリズム、感情を認識し表出する「ペッパー」、トップ棋士を圧倒し囲碁の常識を一変させたAlphaGo、段階的実用化に向けて開発が進む自動運転AI。繰り返し人々を驚かすニュースが届けられ、グーグルやIBMといった世界的企業が開発を主導していることもあって、AIは時代の先端を行くトピックとなった。

　AIブームのなかで、1980年代に提唱されて以来さほど注目されていなかった一つの仮説が人口に膾炙していく。知性において人間をはるかに超える機械が近い未来に開発され、文明の発展史がそこから先が全く予測できなくなるような「特異点（Singularity）」に辿りつく、という「シンギュラリティ」仮説である。それは、「近未来（一説には2045年）に人工知能が人間の能力を超える」という一般的表現に翻訳され、囲碁や将棋といった知的ゲームでコンピュータが人間を超えていく姿と結びつけられながら、その説得力を増してきた。

　シンギュラリティ仮説は、人類史と知性とテクノロジーを一つの直線上に配置する、一見して古風な技術決定論（科学技術の自律的発展が社会を一方向的に変化させていくとする考え方）に基づいている。だが同時に、「技術がなにをどう決定するのか予測不可能になる」と予測することで、テクノロジーの発展を歓迎／批判するという技術決定論をめぐる既存の対処法を無効化する仮説となっている。それは、世界が一変してしまう事態をつきつけて人々に新たな可能性を模索することを強いるという点で、現代において次第に規範化しつつある「イノベーション」概念と極めて親和的である。スティーブ・ジョブズのような変わり者の天才が革新的な製品を生みだすといった状況

と結びつけて語られてきた「イノベーション」なるものに、機械的知性が人間を超える未来を想定することで誰もがアクセスできるようになる。人類が知性の頂点から引きずり下ろされるという未曾有の事態を設定することで、その事態に対処することを試みる営為が（その内実は旧来からあるとしても）すべからく革新的なものとなるのである。

人間が作りあげた機械が人間によって制御できず理解できないものになっていく。そのイメージは、「機械による支配」という繰り返し語られてきた物語を再び蘇らせてもいる。だが、人類学の観点からすれば、完全には制御できない存在との関係を軸にして人々が社会生活を組織していくという状況は、かならずしも珍しいものではない。

多くの人類学者が調査してきた非近代的な社会において、動物は完全には制御できない存在である。例えば、エドゥアルド・コーンは『森は考える——人間的なるものを超えた人類学』において、エクアドル東部に暮らすルナの人々とジャガーの複雑な関係を描いている。ルナの人々にとってジャガーは身近な存在であり、人々に狩られることもあるが、人々を狩ることもある。その中には、「ルナ・プーマ」（「ルナ」は人格、「プーマ」は捕食者、ジャガーを意味する）と呼ばれるジャガーがいる。この「ジャガー人間」は、死んだ近親者などの魂をもち、時に人々に食べ物を分け与えてくれる親しみ深い存在であるが、人々が狩猟に用いる犬を襲い、人間を捕食される存在へと貶めうる危険な存在ともされている。

「ジャガー人間」は非合理的な空想の産物のように思われるかもしれない。だが、私たちの生きる近代社会における機械と人間の関係もまた、同じように描くことができる。機械は私たちにとって身近な存在であり、人間によって利用されるが、故障や事故によって人を傷つけることもある。その中には「AI」や「ロボット」と呼ばれる「機械人間」がいる。彼らは人間的な知性や身体を備え、作業の自動化や経済的利益をもたらすが、人々の仕事を奪い、機械に支配される存在へと貶めうる危険な存在ともされている。

「AI」や「ロボット」と呼ばれる存在は、単体ではソフトウェアやハードウェアからなる機械にすぎない。人間がそれらの機械と自分自身を比較することを通じて、それらは人間と類比的な存在として捉えられていく。数年前までは単に「将棋ソフト」と呼ばれていたプログラムが、プロ棋士を凌駕する実力を備えるにつれて「AI」と呼ば

れるようになったように。ルナの人々が捕食関係を通じてジャガーの側から自分たちを見ることにおいて「ジャガー人間」が現れるように、私たちが知性の優劣を通じて機械の側から自分たちを見ることにおいて「AI」や「ロボット」と呼ばれる「機械人間」が現れるのである。

シンギュラリティ仮説において、私たちは未来予測へと追い立てられる。「機械が人間を超える知性を持ったら私たちは一体どうなるのか」という問いのインパクトは大きい。だが、人類史に予測不可能な特異点が生じるという仮説を前提にして未来を予測するという行為は、本来的に矛盾している。むしろ重要なのは「なぜ私たちはそのような未来予測に追い立てられているのか」という問いではないだろうか。

シンギュラリティ仮説は、二つの条件を前提にしてはじめて妥当性をもつ。第一に、コンピュータの情報処理能力が絶えず向上すること、第二に、人間の知的なふるまいが、コンピュータの情報処理と類比的なものであること、である。

この二つの前提は、近年における社会生活の全般的な変化を通じて強化されてきた。情報技術の発展において、コンピュータによる文脈に依存しないデータの処理は、既存の文脈に制約されない自由な行為の促進と結びつけられる。海外旅行で道に迷っても、現地語を覚えたり現地の知り合いを頼ることなくスマートフォンの指示に従って移動できる。その自由な行動は、各地域に固有の文脈を脱文脈的なデータに変換する情報技術によって促進され、そうした技術の発展を促進する。

だが同時に、既存の文脈を超えた自由の促進は、個々人が自らのふるまいを客観的なフォーマットに沿って明示することで一定の秩序やコミュニケーションを担保することが求められる運動を伴う。SNSで人々とつながるために、私たちは自らの行為や思考を絶えずアップロードし、コンピュータが処理可能な情報へと置き換える。人々の知的なふるまいが、機械的な情報処理と類比的なものへと方向づけられると同時に、より広範な知的営為を補足できる技術が開発されていく。その相補的な運動が、人間と機械の知的営為をより類比的なものに変化させる。シンギュラリティの未来を説得的にしているのは、現在の私たち自身の営みに他ならない。

より自由で豊かな生を志向することで、私たちは自らをシンギュ

ラリティに追い立てている。だが、固定された現在から未来を予測する限り、私たちは未来と正面から対峙することはない。それは、自動的に到来する未来ではなく、私たちの日々の営みを通じて生成し変化していく「現在のなかの未来」だからである。シンギュラリティをめぐって賭けられているのは、自動的に確定された未来に向けていかなる対策を講じるかではなく、ルナにおけるジャガーのように制御不可能な存在との相互作用を通じて、私たちが自らの日常からいかなる未来を生みだしていくのか、そこにおいて「自由」や「豊かさ」とはいかなるものでありうるのか、という問いであろう。(久保明教)

> →09. 自然／人間、14. 野生の思考とポケモン、15. エドゥアルド・コーンの諸自己の生態学、19. 捕食

コーン, エドゥアルド (2016)『森は考える——人間的なものを超えた人類学』奥野克巳・近藤宏監訳, 近藤祉秋・二文字屋脩共訳, 亜紀書房.
久保明教 (2016)『ロボットの人類学——20 世紀日本の機械と人間』世界思想社.
Richardson, Kathleem (2015) *An Anthropology of Robots and AI: Annihilation Anxiety and Machines*. Routledge.

37. 言語の存在論

キーワード：存在論的転回、言語論的転回、パース記号論、二元論、物質性

　今日の存在論では、主に物質性（materiality）や物（object）が主題となるが、唯名論と実在論に関する中世スコラ哲学の普遍論争などを参照すれば明らかなように、実は存在論の射程には一般者、概念、言語も含まれる。後者を「言語の存在論」と呼ぶとすれば、今日の存在論の特徴は、「非言語的」な存在論、つまり、まずは言語や概念に対して排他的に位置づけられるものとして物質性や物を捉えてその存在性や存在様態について議論し、更に、一元論を目指す場合には、一般者や概念、言語についてもその枠組みに回収しようと試みる、といった志向性を有する点にある。

　存在論的転回の議論では、質・クオリア、潜在性、出来事・生成、今ここ性／このもの性（haecceitas）、偶発性、関係性、抵抗・驚異、などが物質性を構成する特徴と捉えられているが、これらの特徴のほとんど全ては、チャールズ・サンダー・パースの記号論の語彙で言えば、性質記号（qualisign）、単一記号（sinsign）、類像記号（イコン）、指標記号（インデックス）、第一性と第二性などの特性とされてきたものである。すなわち、記号論的全体の中で、法則記号（legisign）、象徴記号、第三性など、一般性や概念・範疇、習慣・慣習、言語の「ラング」的な部分などに関わる特徴を排除した部分に、物や物質性を構成する特徴が見出されている。

　他方、パースは普遍論争などを参照し、近代的な唯名論、つまり言語や論理などに典型的に見られる一般者は単なるラベル・名前であり実在性を持たないとする議論を狭隘な近代哲学・認識論の謬見であると断じ、一般者の実在性を習慣、すなわち一回的ではなく一般化可能な行為（思考を含む行為）の位相に見出し、よって、行為や出来事

に基点を据えつつ思考・一般者までも射程に収めたプラグマティズムの全体論的世界像を構築しようと試みた。つまり、パースのプラグマティズム、記号論の体系においては、行為・出来事を基点として、習慣という審級を通して「言語の存在論」を含み込むかたちで、物質と一般者を一元論的に内包する存在論が構築されている。

　現代哲学の文脈においては、パースを始めとし、ウィリアム・ジェイムズやジョン・デューイ、ジョージ・ハーバート・ミード、あるいは近年、プラグマティズムとの連続性が指摘されているアルフレッド・ノース・ホワイトヘッドの有機体の哲学など、存在論的転回において盛んに参照されている古典的プラグマティズムの非二元論（一元論・全体論あるいは多元論）的哲学は、たしかに20世紀の前期末ごろ、論理実証主義や、それと結びついた分析哲学の勃興に伴い、北米においてさえ、専門分野としての哲学の内部での主導権を失い、イギリス経験論的に狭義に感覚与件として解された「経験」と、言語・論理的な「概念」という二元論がかなり広く受け入れられるようになったと言える。しかし、北米の分析哲学の中心人物であるウィラード・ヴァン・オーマン・クワインでさえ既に20世紀中葉には経験主義のドグマの批判を、古典的プラグマティズムの全体論に依拠して展開しており、分析哲学の巨頭であるネルソン・グッドマンやドナルド・デイヴィッドソン、あるいはウィルフリド・セラーズなどにも上記の二元論を拒む志向性は目立つ。実際、このような文脈においてリチャード・ローティによる近代認識論批判、ネオ・プラグマティズム、言説論的転回の動きが1970年代後半に登場したのであり、それが1980年代のポストモダン人類学の台頭と共鳴することになった。

　ローティの言説論的転回は、ジャック・デリダ的／脱構築的な「テクスト」に纏わる議論と結びついていたのみならず、特に文化人類学においては初期のミシェル・フーコーの「言説分析」や、ひいてはクリフォード・ギアツの解釈人類学（そしてポール・リクールの解釈学）とその批判との連続性が強い。よって20世紀後半の文化人類学は、先行する構造主義の流行（狭義の言語論的転回）と、それを追って起こったこの言説論的転回（両者を合わせて広義の言語論的転回と呼べよう）によって彩られたものとなり、それをいわば反転的に――基本的な図式は保持したまま――否定するかたちで1980年頃以降、特に2000年代に入ってから存在論的転回が進行したと言える。端的

に言えば、ローティの言説論的転回に見られた近代認識論批判や二元論批判は存在論的転回においても保持されたままであり、言説への集中に代わって言説の外部、物質性や物へと論究の焦点が移ったのである（なお、文化人類学とは異なり言語人類学では、狭義の、構造主義と結びついた言語論的転回は既に20世紀初頭、構造言語学の成立において起こっており、1970年代にはむしろプラグマティズム的／パース記号論的転回が起こり、言語からその外部への移行が進行し始めていた）。

以上、特に哲学や記号論との関係において、文化人類学における言語・言説論的転回、存在論的転回などについて素描したが、最後に、文化、社会、自然、これら三者の関係の考究を中心的なテーマとして成立しているジャンルとしての（社会）文化人類学の構成について一瞥しておく。

極めて単純化すれば、文化人類学、社会人類学、形質人類学がそれぞれ焦点化する対象としてこれら三者は位置づけられるが、古典的には、自然から社会構造や、ひいては文化的概念・価値などを説明しようとする文化生態学的、（新）進化論的、唯物論的アプローチと、それに対して社会や文化の自然への還元不可能性を唱えるアプローチとの対立、更には逆に、文化による自然の範疇化を論じる構造主義やエスノサイエンス、そして文化・権力・言説などによる自然の構築を唱える広義の構築主義、という流れがあり、その延長線上に、対称性の原理の下に、自然による社会文化の構築、両者の分離不可能な絡み合い／ネットワークに焦点化するブルーノ・ラトゥール的な議論が台頭したと総括できる。これが存在論的転回の一翼を担っているのだが、他方、構造主義などに見られたように象徴レベルでの文化概念の体系性ではなく、特に文化的宇宙論や社会秩序に関わる象徴的要素・範疇が、儀礼において行為・経験レベルでどのように現れているかを探究するヴィクター・ターナー流の象徴人類学の志向性が、アーヴィング・ゴフマンの言う日常儀礼まで射程に収めて展開されると、行為・出来事において、個々の状況に埋め込まれたかたちで、いかに範疇化が為されているかを探究するエスノメソドロジー、現象学、アフォーダンス理論などに見られる志向性が前面化し、それが「自然と文化」の問題系に接合された時、ティム・インゴルドなどが示す存在論的転回が帰結したと言える。

このような流れは社会科学・文化人類学の文脈に則ったものだが、自然と文化の二元論を拒む現代の全体論・多元論の流派には、本項でも触れたプラグマティズムや記号論、それと親和性を示すジル・ドゥルーズの超越論的経験論、グレゴリー・ベイトソン的なサイバネティクス、システム論など、人類学の文脈を超えたものも多くあり、これらが渾然一体となって今日の存在論的転回を構成している。（小山亘）

> → 03. 存在論をめぐる論争、09. 自然／人間、15. エドゥアルド・コーンの諸自己の生態学、34. 交差する現代思想と文化人類学、38. 記号論と人類学

伊藤邦武（2006）『パースの宇宙論』岩波書店.
――（2009）『ジェイムズの多元的宇宙論』岩波書店.
――（2016）『プラグマティズム入門』ちくま新書.
春日直樹編（2011）『現実批判の人類学――新世代のエスノグラフィへ』世界思想社.
Henning, Brian G., William T. Myers, and Joseph D. John, eds. (2015) *Thinking with Whitehead and the American Pragmatists: Experience and Reality*. Lexington Books.
Ingold, Tim (2011) *Being Alive: Essays on Movement, Knowledge and Description*. Routledge.

38. 記号論と人類学

キーワード：記号人類学、言語人類学、性質記号、類像記号(イコン)、指標記号(インデックス)

　記号論 (semiotics) は 1960〜80 年代に流行した記号学 (semiology) と混同されることが多いが、両者は大きく異なる。記号学は言語学者フェルディナン・ド・ソシュールに端を発し、クロード・レヴィ＝ストロースなど、フランス構造主義を経て様々な社会文化研究（社会構築主義など）へと吸収されていったが、他方、現代の記号論はプラグマティズムの哲学者チャールズ・サンダー・パースに由来し、「自然」と「文化」を含み込む世界の全体を理解する宇宙論的な体系を持つ。

　おそらくパース記号論に関して最も知られているのは類像(イコン)、指標(インデックス)、象徴(シンボル)という記号の三分類であろう。だがパース記号論は、それに限らず様々な三分法が入れ子型に折り合わさって構成されており、その根幹となる三分法は第一性（そのもの自体の潜在的な性質などの一項関係）、第二性（衝突など、実際に生起する二項間の関係）、第三性（一般者たる第三項の介在により二項が関係を結ぶ三項関係）である。この三分法は、人間・非人間を問わず全てのものをその射程に含む。

　これら三者のうち一項・潜在性に関わる第一性が最も根源的で、三項・一般性に関わる第三性が最も派生的、二項・現実性に関わる第二性が両者の中間に位置し、したがって第三性は第二性と第一性を前提とするが、第一性は第二性や第三性を前提としない。たとえばタイプ（類型）は一般的な第三性であるが、タイプの存在はその現れ（トークン）、つまり実際に生起する出来事（第二性）によってのみ示され、そして顕在的な出来事は必ず何らかの質（第一性）を持って、つまり潜在的な質の表出として、生起する。パース記号論の基盤の一つを成すイマニュエル・カントの批判哲学における「純粋理性」、「実践理性」、「判断力、美、生」という三区分に即して言えば、そのもの

自体の持つ性質・内在性（美や生）に関わる第一性、他項との実践的関与（倫理）に関わる第二性、そして一般性（論理）に関わる第三性、となる。

　この三分法を基底として、記号論では、より微細な様々な三分法が措定されている。たとえば、記号自体（第一性）、記号が指し示す対象（第二性）、そして記号が生み出す効果、つまり解釈項（第三性）という三幅対が挙げられるが、解釈項とは、記号が指し示すその対象を指し示すもので、したがって解釈項（記号の生起の帰結）が、記号の語用論的／プラグマティックな「意味」を成している。つまり「解釈」の問題が記号論では（記号の生起という）出来事の帰結として捉えられており、ここにパース記号論の実践論的な性格が明瞭に伺える。

　続いて、この三者のうち、記号（表意体）は、それ自身の示す特質によって性質記号（質）、単一記号（一回的な出来事）、法則記号（タイプ、規則）に三分類されるだけでなく、対象を指し示す仕方によって（類似性に基づく）類像記号、（連続性・隣接性に基づく）指標記号、（慣習性に基づく）象徴記号に、そして記号を解釈項がどのように捉えるかによって名辞記号、命題記号、論証記号へと分類される。他方、解釈項もまた、直接的解釈項（記号の生起によって生み出されうる印象の持つ質）、動態的解釈項（記号の生起が実際に生み出す効果）、最終的解釈項（共同体の営みとしての記号過程がもし完遂したならば得られるだろう効果）に分けられ、このうちの動態的解釈項は更に、感情的解釈項（記号の生起によって実際に産み出される感情の質）、活力的解釈項（記号の生起に対する物質的・精神的反応）、究極的解釈項（習慣、未来の行為に影響しうる規則性）に下位分類されている。

　このような体系性を持った記号論を人類学の中で最も直截に取り入れてきたのは、主に言語人類学を中心とした記号人類学である。たとえば、歴史的に見て、人類学の起源の一つはカントやヨハン・ゴットフリート・ヘルダーなどにあるが、そのカントの『判断力批判』によって示された美学や生命・内的構成力への関心は、ヴィルヘルム・フォン・フンボルトやハイマン・シュタインタール、そしてフランツ・ボアズを経てエドワード・サピアの言語論——つまり言語の中にある者（言語使用者）の美・感覚や感情・心理と有機的、内的に関わって意味的世界を構成し歴史的に生成する習慣的な型としての言語

構造という着想——に繋がっている。つまりカントとサピアの思考では、有機体・生命、構成・生成、創造性、美などは相互に結びついていた。

　サピアなどに由来する言語人類学では、その後、記号論の枠組みがロマン・ヤーコブソン、デル・ハイムズ、マイケル・シルヴァスティンなどにより取り入れられ、そこでは、このような結びつきへの強い関心が、特に第一性（質、類像、新しい・最初のもの、発見）と第二性（生起、指標）への探究の焦点化として現れている。たとえば文化人類学ではアルフレッド・ジェルなどによって取り上げられた「アブダクション」というパースの概念は、新しい意外な（つまり第一性を帯びた）出来事が（第二性として）現実に生起し、それが新たな仮説を生み出すことを指すのだが、これを含むより一般的な現象、つまり出来事における新たなものの創出・生成は、シルヴァスティンによって「創出的指標」と名付けられ、その探究は言語人類学において中心的主題の一つとなっている（パースの「性質記号」の概念を取り入れたナンシー・マンなどの研究も参照）。また、同じくシルヴァスティンが、ヤーコブソンから取り入れて社会文化研究に援用した「詩的機能」という概念は、類似した記号が（韻文や儀礼でのように）反復して生起することにより記号自体（第一性）へと関心・注意が引きつけられ、反復によって構造化された詩的テクストが（創出的に）生み出されることを意味するのだが、ここでも第一性・類像性と第二性・創出的指標性との結びつきが言語人類学の関心の中心にあることが示唆される。更に、この詩的機能は、より一般には再帰的テクスト化——すなわち、「そこ」や「彼岸・他界」などではなく、「今ここ」で起こっている記号の生起、つまり今ここの出来事自体（第一性）をテクスト化する再帰的テクスト化——の一種であり、再帰的テクスト化の他の例としてはグレゴリー・ベイトソンの「メタコミュニケーション」やジョン・ガンパーズの「コンテクスト化の合図」も含まれ、これらの探究が言語人類学の中心課題の一つとなっている（なお、言語人類学で言うテクスト化は、アルフレッド・ノース・ホワイトヘッドの言う合生（concrescence）と類似した概念である）。

　以上、パース記号論の一般分類と現在の言語人類学の中心概念との関係について一瞥した。思考を、解釈項を生成するものとして広く捉え、そのような思考を含む行為の連鎖に、人間のみならず非人間の

生物や無生物が自発的に参加する動態的な記号過程として宇宙の有り様を描いたパース記号論／プラグマティズムはホワイトヘッドの有機体の哲学やブルーノ・ラトゥールなどのアクター・ネットワーク理論との親和性が高い（Harman 2014: 41-42; Latour 1992: 136; 2004: 85-87）。そのようなパース記号論からヤーコブソン、ミルトン・シンガー、シルヴァスティン、リチャード・パーメンティアなどへと至る社会文化記号論の流れ、そしてパースからトマス・シビオクなどへと至る生命記号論の流れ、そして両者を接合しつつ物質性や物、クオリア（第一性）を含むパース本来の記号論の射程全体に近接しようとする近年の言語人類学と記号人類学の潮流については、欄外の文献などを参照されたい。（小山亘）

> → 15. エドゥアルド・コーンの諸自己の生態学、37. 言語の存在論、41. 音と身体

コーン，エドゥアルド（2016）『森は考える——人間的なるものを超えた人類学』奥野克巳・近藤宏監訳、近藤祉秋・二文字屋脩共訳，亜紀書房.
Harkness, Nicholas (2015) "The pragmatics of qualia in practice." *Annual Review of Anthropology* 44: 573-589.
Harman, Graham (2014) *Bruno Latour: Reassembling the Political*, Pluto Press.
Keane, Webb (2006) "Introduction to Part III: Subjects and objects." In Christopher Tilley, Webb Keane, Susanne Küchler, Mike Rowlands, and Patricia Spyer, eds., *Handbook of Material Culture*: 197-202, Sage.
Kockelman, Paul (2016) *The Chicken and the Quetzal: Incommensurate Ontologies and Portable Values in Guatemala's Cloud Forest*, Duke University Press.
Latour, Bruno (1992) "Pasteur on lactic acid yeast: A partial semiotic analysis." *Configurations* 1: 129-145.
——— (2004) *Politics of Nature: How to Bring the Sciences into Democracy* (trans. by Catherine Porter). Harvard University Press.
Parker, Kelly A. (1998) *The Continuity of Peirce's Thought*. Vanderbilt University Press.

39. 民族誌映画の革新

キーワード：民族誌映画、アートと人類学の対話、エスノフィクション、ニコルス、相互作用

　民族誌映画祭は、人類学的な関心をもとに制作される最新の映画作品が発表され、議論される国際的な機会である。例えば欧州では、隔年で開催される英国王立人類学協会国際民族誌映画祭や、ゲッティンゲン（ドイツ）国際民族誌映画祭をはじめ、17 の映画祭が加盟する人類学映画祭機構（CAFFE）が存在する。これらの映画祭を母胎に、人類学における映画を介した研究交流が盛り上がりをみせている。アジアでは 2001 年にスタートした台湾国際民族誌映画祭が、小規模ながらも民族誌映画をめぐる国際的な議論の場として定着しつつある。これらの映画祭は単に最新の民族誌映画を紹介するにとどまらず、革新的な映像表現を持つ研究作品を探し流通させる場でもある。さらに映画祭の開催を通して、作品の収集・アーカイビング、各国の映像人類学学派の研究潮流の分析、学術映像の評価基準の制定を推し進めてきた。上記の映画祭のなかには、人類学的な関心に基づいたテーマ別のコンペティションを設けている映画祭もある。日本でも近年、日本文化人類学会の研究大会を中心に、アカデミアにおける映像作品を通した研究発表の場が模索されるようになり、民族誌映画の国際的な論壇とつながりつつ研究成果を映画において公表する人類学者が増える傾向にある。

　人類学者による研究映像に造詣が深い映画批評家のビル・ニコルスは、記録映画の様式を、それぞれ、詩的（poetic）、解説（expository）、観察（observational）、参加（participatory）、省察（reflexive）、行為遂行（performative）に類型化し、それぞれの様式の映画的な特徴や、効果について論じた（Nichols 2001）。参与観察に基づくフィールドワークを主要な研究実践として発展してきた人類学では、対象の民族を客体化してとらえ、撮影者の存在をあからさまに明示せず、対象の

観察に重点を置く観察や、ニュートラルな視点を装うボイスオーバーを基軸にストーリーを展開させる解説が、研究成果としての映画の主要な様式として好まれてきた。しかしながら上記の映画祭では、解説や観察にとどまらず、撮影者がカメラの前に展開する出来事に参加するスタイルや、制作の舞台裏を意識的に開示し、映画が構築される過程を強調する省察のスタイル、あるいはこれらの様式を重層的に組み合わせた作品もみうけられ、多様な映画的表現が探求されている。今世紀に入ってから、人類学者による研究作品の撮影機材はビデオカメラから一眼レフカメラさらにはスマートフォン等、多様化する傾向にある。撮影機材の利便化と小型化は、カメラの前で展開する出来事への人類学者の参加と応答のありかたを、今まで以上に多様化させ、さらに、被写体との相互行為や関係性を、より繊細に描写することを可能にさせている。

　ビル・ニコルスによれば、参加の作品の理想は、被写体の視点・見解と、撮影者の見解がバランスよく提示されていることにあるという。民族誌映画の系譜において、被写体の言動に参加する映画の方法論としてはジャン・ルーシュによるシネマ・ヴェリテが挙げられるであろう。これは、カメラや撮影者の存在に刺激されてはじめて、「真実」が現れでるという立場の映画方法論を指す。しかし実際、何をもって被写体の視点・見解と撮影者の見解がバランスよく表象されていると判断できるのであろうか。撮影者の立場や心情の映画的な表現に過度に固執することは、他者との交渉を排除した、自己の安易な表象に帰着しかねない。また、被写体の視点を映し出すメディアとしてのみ作品が機能するのならば、民族誌映画は人類学者の見解や議論を挟む実践ではなくなる。そこで、映画における参加という概念を、被写体をはじめ映画を受容する多様な人々とのコミュニケーションも含めつつ、拡張する必要はないだろうか。それはすなわち作品を完結した表象としてではなく、それを視聴する人々との相互作用のなかに位置づけ、さらにその相互作用が、研究の新たな展開を生成させうる創発的な営みであるととらえることを意味する（川瀬 2015）。

　そのようななか、民族誌映画に対する関心は、人類学の学問領域を越えた場においても高まっている点が指摘できる。1990 年代以降、アートと人類学の実践における親和性に着目し、コンテンポラリーアートの視点から、人類学のフィールドワークや民族誌の方法論を検

討する潮流が見受けられる。この流れを受け、各国においてアーティストと人類学者の実践的な対話に基づいた研究・教育プロジェクトが生まれ、新たな映像実践の方法論の探求が行われている。この潮流の代表格がベルギーを拠点とする映像・芸術人類学の国際的なワークショップ SoundImageCulture（SIC）であろう。SIC は人類学者で映画監督のエリック・パウウェルの提唱により、2006 年にブリュッセルでスタートした。SIC では人類学者とコンテンポラリーアートの表現者との領域横断的な議論を通し、現代メディアにおける"他者"の表象のありかたを省察的にとらえ、映像を介した文化の記録と表現の地平を開拓し、多くの問題作を生み出してきた。

　また、被写体の視点・見解を押し出しつつ、民族誌映画の演出、表現の次元を探る方法論としてエスノフィクションが挙げられる。この方法は、応用映像人類学の研究手法として昨今の人類学者に実践されている。エスノフィクションは元来、被調査者に日常の生活を演じさせるという制作方法を指す。サンパウロのトランスジェンダーのコミュニティに日常生活を再演させる民族誌映画『Transfiction』（2007）を制作した人類学者、ヨハネス・ショーバーグは、エスノフィクションには、被写体の人々の生活の描写、夢・欲望・感情の投影、そしてエンパワーメントという三つの機能があると主張している（Sjörberg 2009）。エスノフィクションは、人類学者が指揮をとり制作する映像実験にとどまらず、様々な社会集団が自集団の主張を表現する手段として援用している。たとえば、社会的に抑圧されたマイノリティが他集団に対して特定のメッセージを伝達したり、先住民集団が、自集団の生活文化を記録し、次世代に伝えるための方法として実践するケースも見受けられる。このように、観察記録から参加型、さらには演技や演出の次元に踏み込みつつ、民族誌映画はその表現の地平を模索しつつ、押し広げてきたのである。

　かつては人類学者に一方的にイメージを収奪される対象としてみなされがちであった先住民や少数民族による主体的な"自己イメージ"の創出をめぐる活動については、1980 年代以降、映像人類学の主要な議論の対象であった。近年は、先住民、少数民族が主導する人類学者との映像実践のコラボレーションも見うけられる。2008 年に、カナダ、ブリティッシュ・コロンビア州のダネザの元酋長であるゲーリー・オカーはブリティッシュ・コロンビア大学の研究者たちを指揮

してダネザの口頭伝承や精神世界をテーマにしたバーチャル・ミュージアムを制作しアメリカ人類学会に帰属する映画祭で発表し受賞をしている。雲南省のナシ族出身の映像作家で人類学者のバオ・ジャンは、自身が生まれ育った麗江に各国からの映像人類学者13名を集め、麗江に対する各自の第一印象に基づいた映像音響記録を指揮しコレクティブな民族誌としてまとめるプロジェクトを行った。先住民、少数民族が人類学者に歩み寄り、協働的な映像制作プロジェクトを通して探求する自己イメージの創出が、民族誌映画のありかたにどのような影響を与えていくのか、今後注意深く見守っていく必要がある。（川瀬慈）

→ 35. 虚構と実在、40. センサリー・メディア、41. 音と身体、42. 芸術制作の人類学

川瀬慈（2015）「コミュニケーションを媒介し生成する民族誌映画：エチオピアの音楽職能集団と子供たちを対象とした映画制作と公開の事例より」『文化人類学』80(1): 6-19.
Nichols, Bill（2001）*Introduction to Documentary*, Indiana University Press.
Sjöberg, Yohannes（2009）"Ethnofiction, Drama as a Creative Media Practice in Ethnographic Film," *Journal of Media Practice* 9 (3): 229-242.
【映像作品】
『Transfiction』（2007）監督：Yohannes Sjöberg.

40. センサリーメディア

キーワード：映像人類学、感情、感覚、センサリーメディア、アーカイブ映像の創造的活用

　映像人類学（Visual Anthropology）は写真や動画等、広く映像を対象とし、活用する人類学の研究分野である。映像人類学は、映像による民族誌である民族誌映画の研究実践を中心に、文化事象の記録や分析、保存を推し進めてきた。特に、民族誌映画は、異文化理解のツールとして、研究や教育現場において利用され、研究を広く社会に還元する目的においても活用されてきたといえる。本稿では、映像人類学の新たな研究実践の形態であるセンサリーメディア（Sensory Media）について紹介したい。

　20世紀の民族誌映画の系譜を俯瞰してみると、その様式に関しては、対象の客観的な観察に徹する観察型や、制作者の感情、私情をできうるかぎり廃し、ニュートラルな視点をめざしたボイスオーバーを主軸に据える解説型の映画様式が中心を占めていたことが指摘できる。研究者／制作者と被写体間の相互行為を基軸に展開する様式の映画や、あるいはジャン・ルーシュが探求した、演技を主体とするエスノ・フィクションの実験等も挙げられるが、これらが主流であったとは決して言えない。人類学はフィールドワークを基盤にした参与観察をその中心的な調査方法として掲げてきた。そのため、研究者／制作者が、映像に収められた出来事には関与しない観察者を装い、映画のなかではその存在をあからさまに出さないという観察型の映画様式を推進してきたことは自然なこととも考えられる。典型的な解説型作品においては、プロのナレーターによる、研究対象についての俯瞰的な視点からの解説に、写真や動画が組み込まれていく。このような解説型の映像様式においてイメージは、テクストによる解説やアカデミックな論述を補助する資料として位置づけられるのである。

　そのようななか近年、匂いや味、音、触感を中心とする人類学研

究の報告が増加し、感覚的秩序の文化的差異に関する議論が深化する傾向がある（山田 2017）。以上の流れを踏まえ、デヴィッド・マクドゥーガルは、既存の学術映画の様式に見受けられる視覚中心主義的な認識のありかた、さらには映像をアカデミックな論述に対して付加的な対象としてみなす傾向を批判し、人の知識と映像の関係を、感覚の多様な働きの中でとらえる重要性を指摘する（MacDougall 2005）。マクドゥーガルの批判や、感覚をめぐる人類学研究の議論に応答するかのように、各国の主要な映像人類学の研究機関では、センサリーメディア (Sensory Media)、すなわち人の感覚をキーコンセプトに据えた、民族誌映画とは異なる映像人類学的な研究実践が探求されている。

　センサリーメディアは、特定の空間における音、テクスト、写真、モノのインスタレーションや人の心象に基点を置いたマッピング、研究者自身による身振り、手振りや語りを含むパフォーマンス、あるいはこれらを組み合わせて提示する実践が見うけられる。特に 1987 年の設立以来、数多くの映像人類学者を輩出してきたマンチェスター大学グラナダ映像人類学センターやベルリン自由大学メディア・映像人類学修士課程等では、民族誌映画の制作と同時に、センサリーメディアの実践を教育カリキュラムに定着させている。また、人類学者による研究作品の国際的な上映と討論の場となっている民族誌映画祭を見渡すと、センサリーメディアの動向を意識しつつ、多様な映像制作の試みがなされていることがわかる。民族誌映画祭では、研究者／制作者がカメラの前の出来事の参加者となり、被写体の人びとと日常会話を交わしたり、議論したり、言い争ったりする姿を描く作品や、調査者の想いや心情の吐露が、ボイスオーバーによってなされる作品も多く見受けられる。今まで民族誌映画のなかで敬遠されがちであった、研究者／制作者の主観や感情、感覚が前景化される映画的な話法が開拓され、制作者である人類学者が、同時代の人として被写体とともに生きる現実が映し出される（川瀬 2015）。

　例えば、田沼幸子による『Cuba Sentimental』（2010）は、世界各地に離散するキューバの友人たちを田沼自身がカメラを持って追いかけた作品である。本作の中軸になる田沼自身による語りは、いわゆる「民族」や「文化」を科学的な観点から中立的に表象する従来の解説モードには帰属しない。それは、田沼とキューバ人の旧友たちとのエピソードを含むパーソナルな語りであり、制作者の気持ちを豊か

に表現している。カメルーンの熱帯雨林に暮らすピグミー系狩猟採集民の生活や儀礼をとらえた分藤大翼による一連の民族誌映画『Wo a bele』(2005)、『Jengi』(2008)、『jo joko』(2012)は、クロースアップの多用や、時間や空間の連続性を大きく遮断した映像表現を通して"森に生きること"を感覚的に視聴者に喚起させる試みであり、そのラディカルで詩的なモンタージュも相まって、国際的な学術映画祭やドキュメンタリー映画祭で議論を巻き起こしてきた。近年各国を席巻した、ハーバード大学の感覚民族誌学研究所による試みも無視できない。圧倒的な音響表現によって構築された『リヴァイアサン』(2012)は、視覚偏重の人類学映像への鋭い問題提起に他ならない。観察型や解説型のアプローチは、学術的な映像の話法として必ずしも絶対視されず、人類学的営みにおける多様な映像実践のひとつとして相対化される傾向にある。人類学における映像は、研究者の感覚や感情、あるいは表現、演出といったキーワードを軸に大きく開かれつつあるのである。こうした動向をふまえ、概して人類学における映像実践の機運が日本においても盛り上がりをみせているといえよう。山形国際ドキュメンタリー映画祭や、東京都写真美術館・恵比寿映像祭において、映像人類学特集がおこなわれたことも記憶に新しい。

　また、既存のアーカイブ映像を創造的に活用し、視聴者の感覚への作用を含む多様なレスポンスを探る試みも、センサリーメディアの範疇で議論できるであろう。ドイツの国立科学映画研究所（IWF）が1950年代から1990年代を中心に展開させた科学映画のアーカイブ事業、エンサイクロペディア・シネマトグラフィカ（Encyclopedia Cinematographica）がある。このアーカイブを構成する民族学、生物学、科学技術の短編映像、通称ECフィルムは、人や動物の行動の比較研究という目的のもと、撮影者の存在を明示せず、対象の徹底した観察に比重を置くアプローチで知られてきた。ECフィルムは比較文化研究の文脈や大学等の教育現場で活用され、民族誌映画をはじめとする20世紀の学術映画の様式に大きな影響を与えてきた。しかしながら近年は、16ミリフィルムという形式や、前時代的ともみなされやすい"ストイックな"観察記録型の映像様式が障壁となり、活用が久しく途絶えていた。そんななか、2012年以降、下中記念財団や東京の映画館、ポレポレ東中野が中心になって『ECフィルム上映会』が定期的に開催されている。そこでは、視聴者の感覚へのイメージの

作用や、個々のフィルムの多様な価値を探求すべく、EC フィルムと他の映像のさまざまな組み合わせによる上映が行われている。それにとどまらず、EC フィルムに対して、ダンサーやミュージシャンが、パフォーマンスで応答するような実験的な試みもなされている。学術的な映像を従来の科学や学術の文脈のみに固定せず、新たな知的、感覚的交流や芸術表現を生み出す装置として読み替え探求する試みが今後どのような展開をみせるのか注目に値する。

映像の制作方法論や活用のありかたをめぐり、人類学、映画界、コンテンポラリーアートが領域横断的かつスリリングな交流をかつてない勢いで展開させつつもある。そのようななか、人類学的な映像とは何かが、改めて大きく問われているのである。（川瀬慈）

→ 39. 民族誌映画の革新、41. 音と身体、42. 芸術製作の人類学

川瀬慈（2015）「序（〈特集〉「人類学と映像実践の新たな時代に向けて」）」『文化人類学』80(1): 1-5.
山田陽一（2017）『響きあう身体：音楽・グルーブ・憑依』春秋社.
MacDougall, David（2005）*The Corporeal Image: Film, Ethnography, And The Senses*, Princeton University Press.
【映像作品】
『Cuba Sentimental』（2010）監督：田沼幸子.
『Wo a bele』（2005）、『Jengi』（2008）、『jo joko』（2012）監督：分藤大翼.
『リヴァイアサン』（2012）監督：ルシアン・キャステイン＝テイラー、ヴェレーナ・パラヴェル.

41. 音と身体

キーワード：非可聴範囲、直立二足歩行、発声、聴取、共生

　初めに音の物理的な性質と聴覚との関係を確認しておく。気体、液体、固体のいずれであっても、衝撃を受けて伸びたり縮んだりすれば、物質に疎密が生じ、その繰り返しが振動となって拡散する。この振動が1秒間に生じる回数を周波数と呼び、Hz（ヘルツ）という単位で表記する。人が音として知覚できる周波数は20Hzから2万Hz（20kHz）であり、この範囲のことを可聴範囲と呼ぶ。人にとって聞こえやすい周波数は1kHzから5kHzであり、会話や特に乳児の泣き声や女性の悲鳴にあたる4kHz付近の周波数がよく聞こえる。対して、人には音として知覚できない非可聴範囲があり、20Hz以下の周波数は超低周波音、20kHz以上は超音波と呼ばれる（中村 2010）。超低周波音は1Hz～100Hzの低周波音に含まれる。エンジンや家庭用機器などから生じる低周波音は、人に対して不快感や圧迫感を与える場合があることから、近年では対策が必要な事象ともなっている。他方、超音波についても、身体との関係が新たに解明されつつある。

　大橋力らの研究によると、可聴音とともに非可聴音である40kHzを越える超音波を被験者の身体に当てると、視床や視床下部をふくむ中脳・間脳、前頭葉の部位に反応が認められるという。この結果から、可聴音と非可聴音をあわせて受容することによって、脳の報酬系や自律神経系が活性化し、快感を得られるだけではなく、ストレスの軽減や免疫力の向上が起こる可能性が指摘されている。興味深いことに、これらの効果をもたらす音は耳からではなく、体表面で受容されなければ、その効果が認められないことが実証されている。つまり、身体は音としては知覚できない空気の振動にさらされており、その高低や過不足によって快・不快等が左右されるということだ。また、大橋らは100kHzを越える振動が豊富に含まれる環境は、熱帯雨林であることを突きとめており、熱帯雨林は人類にとって最も適応的な「本来の

環境」だと指摘している（大橋 2017）。確かに、熱帯雨林は霊長類が長年にわたって進化を遂げた環境であり、大型の類人猿は今日まで熱帯雨林にのみ生息している。しかし、人類は度重なる気候変動に対応して、徐々に熱帯雨林を離れ、その過程で進化した生物であることに注意しなければならない（山極 2016）。

アフリカのチャド共和国で発見された化石によって、人類は700万年前には既に直立二足歩行をしていたと推測されている。人類は熱帯雨林を離れる過程で直立したことによって、頭蓋と脊髄が垂直につながり喉頭（喉仏）の位置が下がり、声道が長くなり声が出やすくなった。また、口腔を通る呼気を舌や口唇で調節し、多様な音が出せるようになった。そして、この発声能力は「外敵と戦うこと」と「身内を守ること」に活用された。

人類は直立二足歩行によって広範囲の移動、食物の入手と運搬、仲間との共食という行動が可能になった。それは同時に、地上に生息する大型の肉食獣によって捕食される危険にさらされるということでもあった。音楽学者であるジョーゼフ・ジョルダーニアは、歌唱の進化を探るなかで、初期の人類は肉食獣を威嚇し追い払う手段として、集団で歌ったのではないかと主張している（ジョルダーニア 2017）。

人類の特性である「多産性」も捕食されるという状況下で進化したと考えられている。つまり、死亡率が高まるなか、出産の間隔を縮め回数を増やすという進化が起こったのである。そして、多くの未熟な子供を抱えることになった人類には、共同保育をはじめ子育てにおいても様々な進化が起こった。その過程で淘汰された性質は人類に普遍的に認められる行動の特質として、現在まで受け継がれている。その代表的なものが「子守唄」と「育児語」である。

人類は多産になったために、常に乳児を抱きかかえて世話をすることが難しくなった。そこで、母親以外の者が相手をする、おとなしくしている間は乳児をそばに置くといった対応をとることになった。それに対して、乳児は笑い声や泣き声で周囲の人の気を引くようになった。そして、周囲の者が乳児の機嫌をとったり、なだめたりするために歌いかけたり、話しかけたりするようになったという。子守唄の音楽学的な特性は文化を越えて共通性が高く、育児語は母音の強調、繰り返し、高めの音高、広い音高の変化、遅めのテンポなどの特徴がある。育児語がこれらの特徴を持つ理由は、乳児が言葉の意味を

理解するよりも前に、これらの音声に反応するからに他ならない（ミズン 2006:280）。以上が、人類が進化の過程で身につけた発声能力と、その主な活用法である。

　次に聴取能力は、危険が察知できるように進化しており、主な役割は、迫りくる音に反応したり、音の発生場所を特定したりすることである。これらの聴覚の特性は、私たちが日常生活のなかで無数の音に気を配り、細やかに対応しながら生きていることを思えば明らかである。この「当たり前」に使いこなしている能力は、長い進化史における環境への適応の繰り返しによって、「自然なもの」として脳力の一部になったのである。

　認知科学者であるマーク・チャンギージーは、人が自然にできる事は、その要素が自然のなかにあって、既に脳が適応を果たしてきた事であるという説を唱えている。そして、人に音楽的な能力がある理由は、身の回りの音を聞き分けるために進化させた脳力を転用しているからではないかと指摘している。例えば、人は他人の動きを次の4つの音を手がかりにして把握しているという。①音の強度から距離を。②音高から移動方向を。③足音の数から速度を。④音のパターンや強弱から挙動や足取りを。そして、以上の4つの音は、音楽の基礎的な構成要素である①音量、②音高、③テンポ、④リズムに類似していることから、「音楽は人の動作音に似ている」と論じている（チャンギージー 2013:120-122）。チャンギージーは、似ているか否かを判断する上で、ある音を知覚することができたとしても、人はその音を構成している下位レベルの要素までは意識することができない点に注意を促している（チャンギージー 2013:24）。つまり、聴覚には無意識のうちに音を処理し、解釈する過程があるということだ。聞こえている、聞いている（つもりの）音とはいったい何なのか。

　音響生態学者のバーニー・クラウスは3つの基本音源として、ジオフォニー（非生物による自然の音）、バイオフォニー（人間以外の野生生物が発する音）、アンソロフォニー（人間が出している音）を挙げている。そして、クラウスは自然界に対する人為的な浸食を戒めるとともに、アンソロフォニーが自然界の音に「溶け込むことがある」（クラウス 2013: 88）ことを指摘している。文化の音が自然の音との密接な関係において育まれている例は、民族音楽学者たちによって数多く挙げられている（山田 2000）。なかでも「音響身体論」を展

開する山田陽一は、自然と文化を仲立ちする音と身体の関係や、音響との関わりによって変容する人間の身体的な経験を描き出している（山田 2017）。

　進化心理学者のロビン・ダンバーは、脳（新皮質）の容量と社会的行動の複雑さには相関があることを明らかにした（ダンバー 2016）。であるならば、脳が適応を果たしてきた環境とは、自然だけではなく社会も含まれているだろう。ダンバーをはじめ「音楽」の役割を社会における絆の形成に求める研究者は多い。そのことを踏まえれば、音と身体の人類学の課題は、音による包摂と排除の問題、身内を生むだけではなく、他者とのつながりを生むような音文化の探求ということになるだろう。それは人類共生の可能性を探る研究ともなるに違いない。〔分藤大翼〕

→ 38. 記号論と人類学、40. センサリー・メディア、48. 霊長類学と人類学、50. ホモ・サピエンス

大橋力（2017）『ハイパーソニック・エフェクト』岩波書店.
クラウス，バーニー（2013）『野生のオーケストラが聴こえる――サウンドスケープ生態学と音楽の起源』伊達淳訳，みすず書房.
ジョルダーニア，ジョーゼフ（2017）『人間はなぜ歌うのか？――人類進化における「うた」の起源』森田稔訳，アルク出版.
ダンバー，ロビン（2016）『人類進化の謎を解き明かす』鍛原多惠子訳，インターシフト.
チャンギージー，マーク（2013）『〈脳と文明〉の暗号：言語・音楽・サルからヒトへ』中山宥訳，講談社.
中村健太郎（2010）『図解雑学 音のしくみ』ナツメ出版.
ミズン，スティーブン（2006）『歌うネアンデルタール――音楽と言語から見るヒトの進化』熊谷淳子訳，早川書房.
山極寿一（2016）「類人猿はなぜ熱帯雨林を出られなかったのか」『現代思想』44(22):30-41, 青土社.
山田陽一編（2000）『自然の音・文化の音――環境との響き合い』昭和堂.
山田陽一（2017）『響き合う身体：音楽・グルーヴ・憑依』春秋社.

42. 芸術制作の人類学

キーワード：シーニュ（痕跡／徴候）、事物連鎖、共事態、造形論理、表現されなかったもの

　あなたが異国の見知らぬ孤島に漂着したとします。あなたが食料を求めて密林をさまよっていると、小さく開かれた空間に出ました。そこには島の住民たちが何か重要な儀式をおこなったのでしょう、呪物のような木偶、祭壇と思しき切り株の周囲には草木を加工した呪具のような飾りが立てられています。中央には焚き火や飲食がなされた痕跡も認められます。はたして島民たちはそこで一体何をおこなっていたのでしょうか。

　もとより儀式や祈りという行為は、ヒトが主体（ヒト）を超えた何らかの実在、もしくは非在としての〈外部〉を想起しながらなされるものです。あなたが目撃した小空間でも、そこで異教の島民たちは「指示語(シニフィアン)なき実在性」に向かってさまざまな呪具や呪文、呪術行為を総動員しながら、すなわち指示語(シニフィアン)としての呪具や呪物を用いながら、何かしらとのコンタクトを試行していたわけです。そのコンタクトの痕跡にあなたは出遭った。そしてそれが儀式の痕跡であろうと理解しました。それはあなたがそこに散在しているおびただしい痕跡群（呪物など）を一つの指示語(シニフィアン)として受け取ったがゆえであり、あなたは彼ら島民たちがコンタクトしていたはずの実在性／非在性が一体何であるかを知り得ないという点で、あなたの眼前に散在している痕跡群(シニュ)は「指示対象なき指示語(シニフィアン)群」となるわけです。ただ、こうした「指示語(シニフィアン)なき指示対象」が、その当事者以外の人々に「指示対象なき指示語(シニフィエ)」を生起させる働きというのは、なにも未知の異文化に踏み込まずとも、他者（アーティスト）が制作した芸術作品に触れることにおいても認められるものであることは、あらかじめここで述べておかなければなりません。

　クロード・レヴィ＝ストロースは『みる きく よむ』という最晩

年の芸術論集のなかで、「原始的」と見なされる芸術が「素朴」に視える理由として、「制作者の精神に現前するモデルが超自然であるため、本質的に、感覚的な表象手段では捉えられない」というケースがあることをいみじくも述べています。すなわち「もはや主体の側の欠落のためではなく、対象の過剰のために、制作者はこの場合もやはり指し示すことしかできない。さまざまな様態において、無文字民族の芸術はこの後者の例証となっている」と。ここでレヴィ＝ストロースが述べる「超自然≒過剰」とは、非人間≒外部的な何ものかのことであって、それを人間が指し示そうとする時、その制作は人為的な情報縮約操作においては技量不足とならざるを得ないということです。その結果、その芸術は必然として、稚拙または粗野なものとして現れざるを得ないのです。ただし、このことは前述のように「無文字民族の芸術」に限られる話ではありません。

　この点について、次にレヴィ＝ストロースが大著『神話論理』を書き上げたのちに着手した造形研究書である『仮面の道』を見ておきましょう。彼はこのなかで、近代芸術や民族芸術が「それぞれに表しているもの、あるいはその目的となっている芸術的な、または祭儀的な用途によってそれ自体として解釈され得ると考えるのは、全く幻想にすぎない」と述べています。ここでは一つの造形作品に潜在している造形論理が、ある作者を通して作者個人の意思を超えたネットワーク（事物連鎖）に根ざしていることが示されています。それは今日、芸術（Art）と呼ばれるものの最も古いルーツであるところの神話を、彼が緻密に研究した結果として表明された「構造」なのです。例えばヒトが何かを制作／表現するとき、必ず何かがそこで選ばれており、同時に別の何かが排除されているのです。つまり、一つの作品には表現されたものと表現されなかったもの、ある事象が選ばれることによって選ばれなかったもの、そうした実在性と非在性との相補関係（パラダイム）が内包されているわけです。この点についてレヴィ＝ストロースは、作品とは「まずそれが示しているものではなく、それが変形するもの、つまり、表さないことを選んだもの」であり、「それが語り、あるいは語っていると信じているもののみによって成立しているのではなく、それが排除しているものによっても成立している」と述べています。このことは、現代のアーティストがアーティストになってしまう資質の一つとも深く関わっています。アー

ティストがアーティストを自認する根拠は、つねに先行アーティストたちとの同化にあるわけですが、それらの先行作品に触れるさい、その作品が表現しているもの以上に、表現していないものを受け取ってしまうわけです。それは先行作品に潜在する〈作品の無意識〉の引き受けプロセスとも言えますが、いずれにせよ、その潜在態が〈制作／現われ〉へと誘導してくるのです。それはレヴィ゠ストロースが、神話たちが「互いに考え合い」、「ひとびとの中で、ひとびとの知らないところで、みずからを考えている」(レヴィ゠ストロース 2006)と述べた構造と相似した働きなのです。

　この制作の構造は、先述の「指示対象(シニフィエ)なき指示語(シニフィアン)」と類同性をもっています。すなわち先行作品から表現されたもの(シニフィエ)を受け取ったとしても、アーティストたちは同時に、表現されなかったもの(非シニフィエ)に貫かれてしまう。結果的に彼ら／彼女らにとって、先行作品は「指示対象なき指示語」という様相を帯びるのです。これは換言すれば「徴候化」のことです。そこでは先行作品のみならず、あらゆる事象が「それ自体として解釈」されることを拒み、それらの事象がもつ慣習的シニフィエが、非シニフィエとして潜在している事物連鎖へとヒトを導きはじめるわけです。(中島智)

　　→02. レヴィ゠ストロースの構造主義、06. 今日のブリコラージュ、
　　　35. 虚構と実在、38. 記号論と人類学

中島智 (2000)『文化のなかの野性――芸術人類学講義』現代思潮新社
レヴィ゠ストロース, クロード (1977)『仮面の道』山口昌男・渡辺守章訳, 新潮社.
―――(2005)『みる きく よむ』竹内信夫訳, みすず書房.
―――(2006)『神話論理1 生のものと火を通したもの』早水洋太郎訳, みすず書房.

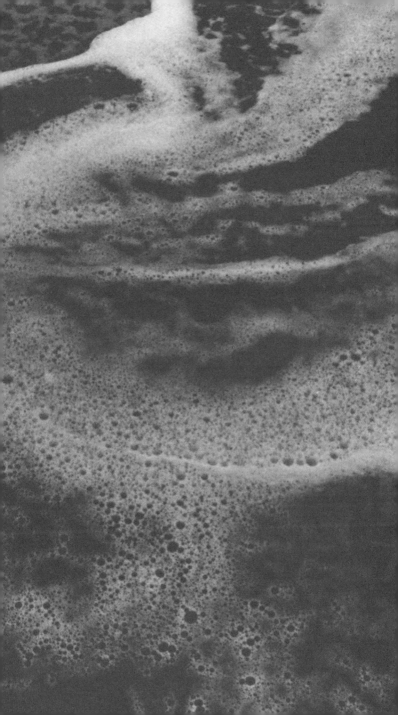

43. 神話学の現在

キーワード：比較神話学、認知革命、無意識、構造、記号

　神話（Myth）という概念について、これまで人文・社会科学の境界を超えて様々な分野で考察が深められてきた。特に、20世紀後半に生じたポスト構造主義以後の知的潮流の革新を受けて記号学的な神話研究がより広いフィールドへと拡張され、さらに考古学者や人類学者によって宗教や芸術の基盤となる「認知革命」の詳しい内容が明らかになるにつれて、この概念は、ますます重要性を増してきている。

　神話の多層的な理解のうち、最初に現れるのは、これを虚構の世界観や想像的な物語の次元として理解する方法である。たとえばこれを肯定的に捉えるとき、歴史学者のユヴァル・ノア・ハラリが説いたように「架空の事物について語る能力」として理解することができる。たとえば、ライオンという生物について語る時に「気をつけろ！　ライオンだ！」と直接的に注意を喚起するだけでなく、「ライオンは我が部族の守護霊だ」と言う象徴化能力を含む言語活動として理解する方法である。この場合、「神話」という概念は、肯定的には他の動物が持っていない、比喩や象徴イメージといったホモ・サピエンスに特有の知的能力の基盤を評価することに繋がる。否定的には、歴史的現実に反する理論や言説を指し、その誤謬や幻想性を表すことになるだろう。

　神話についての二番目の理解方法は、これを無意識による言語活動やイメージの表現と考える、心理学的な潮流である。たとえばそれを、「現実的なもの」をめぐるランガージュの活動として捉えるジャック・ラカンにせよ、無意識による創造性の発見と考えるカール・グスタフ・ユングにせよ、この方法では神話は一貫して、意識的な主体には気づかれることのない、より深い知的リアリティや実存的な世界認識の枠組みを意味することになる。ジグムント・フロイトはすでに「エディプス神話」の解釈によって性的であり、同時に歴史的である自我を持った主体について語っていた。このように神話をただ虚構の

システムとして理解するだけでなく、世界認識のための実効的な枠組みとして理解することができる。

　神話理解の三番目の潮流は、これを宗教の発生基盤となる人類の知的能力や非歴史的な世界認識と関連づけるミルチャ・エリアーデやジョーゼフ・キャンベルによる比較神話学の方法である。前者は起源神話を、後者は英雄神話を重視し、それぞれ神話という世界認識の方法を、世俗化した現代人の世界観とは対照的な、「アルカイックな世界」の思想に由来するものだと考えた。とはいえ、いずれの論者も神話を過去のものとして否定するのではなく、むしろ人類の心的構造の古層に由来する創造性の表現として、積極的に評価している。エリアーデやキャンベルによる比較神話学は、ギリシアの古典宗教や神話研究者であったカール・ケレーニイや、インド・ヨーロッパ語族の比較神話学を推進したジョルジュ・デュメジルといったヨーロッパ神話学の枠組みを継承としながら、その成果をさらに世界中の神話へと拡張していったと言えるだろう。また、前述したユングが彼らと継続的に行ったスイスでのフォーラム「エラノス会議」は、神話学・心理学・宗教学・文献学・哲学を相互に関連づける重要な機会となった。

　20世紀後半以後の比較神話学は、さらにヒト集団のDNA研究や比較言語学の成果を取り入れ、世界規模の神話の相関関係を改めて視野に入れるようになった。たとえば世界中の神話を系統別に関係づけようとするマイケル・ヴィツェルの「世界神話学」や、ユーリ・ヴェレツィンによる神話モチーフの空間的な分布図の研究は、コンピューターやインターネット以後のグローバルな世界認識を比較神話学にもたらし、人類集団の普遍性を問い直す上で重要な役割を果たしている。

　他方、ある地域集団の親族体系、経済、政治、宇宙論、芸術、生態学といった多層的な次元を横断する精神の働きとして神話を積極的に理解しようとする方法は、特に人類学との接点において深められてきた。たとえばクロード・レヴィ=ストロースは『神話論理』等の研究で、神話を単線的な物語の筋書きとして理解する狭義の解釈学だけでなく、それを社会的事実の直接的反映と考える20世紀初期の民族学者の見解をも退け、これを言語的範疇や社会的集団同士の関係、自然界の生物種や超自然的な存在と人間との関係を操作する、ダイナミックな情報処理の体系として理解し直そうとした。レヴィ=ストロースは神話を、民族誌的現実に根ざした複数の異伝同士の間で、互

いに対立・変換・変形・媒介といった操作を繰り返す「構造」として理解し直そうとしたのである。神話の異伝同士を互いに具体的な世界のリアリティを伝え、生態学的ないし歴史的な作用因によって変形し合う記号過程の「群」として扱うことによって、レヴィ゠ストロースは神話研究のフィールドを口承伝統や芸術の領域にまで拡張し、その方法を民族誌学の多様な成果と接続することに成功したのだ。

構造主義以後、エリアーデの研究を継いでヒンドゥー世界の宗教学を革新したウェンディ・ドニガー・オフラハティ等によって、人類学と神話学の成果を総合した興味深い研究が生まれている。さらに、神話に語られた現実認識の特性をポスト構造主義以後のより広い哲学的文脈と連接させるエドゥアルド・ヴィヴェイロス・デ・カストロや、香港の民族誌を起点に SARS や鳥インフルエンザの流行現象に潜む「パンデミック神話」の変形構造を研究するフレデリック・ケック等、「存在論の人類学」と呼ばれる潮流においても神話研究は大きな意味を持っている。こうした研究は神話を在来の知の伝統として歴史的に評価するだけでなく、惑星的な連環の中で現在も生き続ける活発な精神の運動としてとらえ直そうとするものだ。日本列島の神話を環太平洋の知恵のネットワークの一部としてとらえる中沢新一の研究（中沢 2010）や筆者の試み（石倉 2015）もまた、そうした潮流との照応関係にあるといえよう。

他方で、日本と世界の神話学研究史を紹介し、地域と時代を結ぶ精神史を示した最近の広範な研究として、松村一男（2010、2014）や山田仁史（2017）、後藤明（2017）等による神話研究を挙げることができる。これらは先述の中沢による先駆的な研究（2010）同様、諸領域の豊かな研究成果と理論を結びつけ、神話によって人類の知の根源的な様相を照らし出そうとしている。現生人類に関する様々な知識が蓄積され、その知的営為をさまざまな方法で検証する条件が整いつつある現在、神話への関心は、「潜在的なもの」をめぐる多様な問いや実践へと継承されているのである。（石倉敏明）

> → 02. レヴィ゠ストロースの構造主義、07. 対称性人類学、38. 記号論と人類学、44. 心理学と人類学

石倉敏明・田附勝（2015）『野生めぐり：列島神話の源流に触れる 12 の旅』淡交社.
ヴィヴェイロス・デ・カストロ，エドゥアルド（2016）『食人の形而上学：ポスト構造主義的人類学への道』檜垣立哉・山崎吾郎訳，洛北出版.
エリアーデ，ミルチャ（1965）『永遠回帰の神話――祖型と反復』堀一郎訳，未来社.
キャンベル，ジョーゼフ（2015）『千の顔をもつ英雄〔新訳版〕』上，倉田真木・斎藤静代・関根光宏訳，早川ノンフィクション文庫.
ケック，フレデリック（2017）『流感世界――パンデミックは神話か？』小林徹訳，水声社.
ケレーニイ，カール＆ユング，カール・グスタフ（1975）『神話学入門』杉浦忠雄訳，晶文社.
後藤明（2017）『世界神話学入門』講談社.
中沢新一（2010）『カイエ・ソバージュ』講談社.
ハラリ，ユヴァル・ノア（2016）『サピエンス全史』上下，柴田裕之訳，河出書房新社.
松村一男（2010）『神話思考（1） 自然と人間』言叢社.
―――（2014）『神話思考（2） 地域と歴史』言叢社.
山田仁史（2017）『新・神話学入門』朝倉書店.
レヴィ゠ストロース，クロード（2006-2010）『神話論理』全 5 巻，吉田禎吾・早水洋太郎・渡辺公三・木村秀雄ほか訳，みすず書房.
Witzel, E. J. Michael (2013) *The Origins of the World's Mythologies*. Oxford: Oxford University Press.

44. 心理学と人類学

キーワード：構造、元型、神話と夢、呪術的思考、ファンタジー思考

　1920年代以降、精神分析の知見を取り入れた心理人類学が盛んになった時期がある。それはエドワード・サピアやマーガレット・ミードらによって始まったが、次第に無意識や深層へのアプローチから離れ、心理検査から文化類型と人格形成の関係性を解き明かそうとする方向に変わっていった。そのような試みとは別の次元で、「構造」や「元型」といった概念を通じて考察を続ける取り組みがある。

　人類学と心理学は共に19世紀の終わりに新しい人間科学として誕生し、宗教・国家・法・経済・技術・芸術などを貫いて人間の営みに共通する原理を探求してきた。しかし、人類学は「野蛮な」あるいは「未開な」と云われる社会に関心を持つことから始まった学問だと考えられることもある。心理学は「病的な」あるいは「狂気の」と云われる個人や集団に関心を持つことから始まった学問だと考えられることもある。その場合、特殊な社会や個人を対象とし、その特殊性から一般性を抽出し「発展進歩した」社会や「健康な」個人が「より高度に洗練された」生活を営むために寄与する実学だとされる。そのような狭隘な理解がある一方で、両学問は逆に、その学問領域を開放し、あらゆる対象をそれぞれの視点から多角的に検討することを目指して始まった学問・実践でもある。たとえば、人類学には文化人類学や社会人類学や民俗学などの分化があるが、クロード・レヴィ＝ストロースは社会科学における人類学の位置づけを確認して、それは「一つの星雲にいくらか似たやり方で、その形を整えてきたようにみえる。つまり、それまで分散していたかあるいは別の形で分けられていたものを少しずつ取り込み、しかも他ならぬこの集中化によって、すべての人文・社会科学のあいだに、研究テーマ全般にわたって再分配する基

を作っている」という。同じように心理学は、発達心理学や社会心理学や臨床心理学などさまざまな分野に分割され広がっているが、そもそもその関心は19世紀後半において細分化された学問領域を心という視点によって再統合しようとすることであった。こうして人類学も心理学も、自らを開放することにより多くの分野に活用され取り入れられ、それによって自らが細分化され解体されるのだが、同時に、多元的総合を目指し、複合体としてこれらの学問と実践の本質を表していくことになる。

　これは心理学ではコンプレックス／コンステレーションという星の配置に見立てた呼称となり、人類学ではブリコラージュという呼称となり、複合的な世界の解釈方法となり、同時にゆらぎやずれを含んでばらばらに見えるものの潜在的で動的な関係性を作動させる実践にもなる。ところで、星空のように一見ばらばらに見える現象に関わり、視点の変化により見えるものが変わっていくことが、本質的で多元的な現実の諸相をとらえる両分野の方法論であるが、これは星の配置を観察し、惑星の運行をとらえ、通時的な変化を集積すると同時に、一時点の星の配置と地上での出来事との相関性を共時的に見いだし、通時態と共時態の分離と結合を世界の多元的な把握の方法として実験し続けた「星読みの術」「星の学」「占星術」と近似している。このような実践は「呪術的思考」と呼ばれ、近代の「合理的思考」とは相容れない。しかし深層心理学は「無意識」の思考法として、この思考を科学の中に位置づけようとした。この無意識は19世紀の後半に発見／発明された思考概念であり、それによって意識の内部の水平軸に留まる線形的思考が、もう一つの心の世界としての無意識へと広がり、水平軸に加えて垂直軸を持つ空間へと広がり、空間的に移動するトポロジカルな思考が可能になる。無意識と意識の両空間に広がる現実は、合理的思考では捕らえがたく、通時態と共時態、外界と内界、天空と大地、神話と日常など多元を動的に捕える「呪術的思考」を必要とし、それを人類学では「神話的思考」と呼び、心理学では「夢の思考」「ファンタジー思考」と呼ぶことになる。これにより、世界をその都度の複合性として理解する可能性が生まれる。同時に、閉じたシステムとしての世界ではなく、開放系としての世界が探求されていく。

　さて、無意識の導入によるこのような転回によって見えてくる心のさまざまな事象の諸関係を、カール・グスタフ・ユングは「元型」

と呼ぶ。それは心の世界に現れる事象のマンダラ的で動的な関係性の総称である。一方でレヴィ＝ストロースは、「構造とは、変換を行っても不変の属性を示す諸要素と、その諸要素間の関係の総体である」と言っているが、この点において「構造」と「元型」は近似することになる。ユングは、元型とは心の古層に仮定されるものであり、そこではさまざまな要素が一つの動的な運動様式をもって活動しており、総体としてはとらえることができないものだという。その現れはイメージ像としてわれわれに意識されるが、それはあくまでも元型の一つのイメージであり、一つのイメージでとらえようとする限り、元型はわれわれの理解をすり抜けていく。つまり一つの様式に還元してしまう思考法ではとらえられず、多様な要素の運動として、合理的思考とファンタジー思考を入れ替えながら、その都度の関係性を見て取ることが、元型の本質に近づく方法であると言われる。

　たとえば、夢分析がユングの取る心理療法の主たる方法であるが、夢に対する関わり方はユングと精神分析では大きく異なっている。精神分析で夢は無意識と意識の間にあり潜在思考を覆い隠す障壁であり、その覆いを取り除いて潜在思考を明らかにすることが分析の目的とされる。しかし、ユングは「夢は隠さない」と明言する。夢は一つの独立した現実であり、客観的現実の傍証ではないという。そのため夢を象徴辞典や神話辞典や夢判断辞典を利用して、記号と意味の固定した対応関係で理解しようとしても、夢の世界の理解には至らない。いわゆる辞書が言葉の記号的対応関係に加えて、その生存世界における身体経験や他者関係や内的な想像力や、過去から未来に連なる通時的な世界の変遷を抜きには意味をなさないように、夢辞典も、現在の空間の地平的な関係の広がりと、時間という垂直性の関係の広がりを見据えた上で、同時に、その時その場での一回限り関係性において解釈しない限り意味をなさない。同様のことをレヴィ＝ストロースはジグムント・フロイトの『トーテムとタブー』批判の中で、「循環的な定義」「相互互換的な遠近法」と呼び、神話的思考特有のものであり、「意味を深く掘り下げようとする精神の働き」には不可欠のものとしている。

　心理学は、こうして世界と心の運動にその都度関わっていくのだが、その際に繰り返し人類学が蓄積した知や思考を参照する。たとえば「セノイの夢理論」や「アスクレピオスのインキュベーション」等の夢見の文化の研究や、「やきもち焼きの土器作り」や「カニバリス

ム」等の食と精神の研究を参照しながら、世界と心の運動態を多元的かつ一回性の臨床として理解する。このような神話的な参照行為について、たとえばレヴィ゠ストロースは、神話は歴史的でも非歴史的でもあり、またパロールの領域にもラングの領域にも属し、それでいて第三の水準において絶対的対象としての性格を提示するという。また、神話は詩に比して常に翻訳可能性に開かれ、語られる物語の中にその実体を表すという。それはユングの心理療法において、夢や物語の解釈が重要なだけでなく、多次元性を持った夢や物語を「語り聞くこと」そのものが、解釈以上に治療的であると考えられていることと関連する。「語り聞くこと」そのものが、一元的な現実を他の次元に接続する機能を持っており、そうしてわれわれが一つの現実であると信じているものが、語り語られる時にこそ、多層の現実に向けて変換／変容する可能性が生まれるからである。こうしてユングの共同研究者である神話学者カール・ケレーニィは心の持つ神話産出機能について触れ「神話は事物を説明するためのものではなく、存在を基礎づけるものである」と云い、またレヴィ゠ストロースは「神話は人類最初の哲学である」と云い、元型も構造もその都度の神話的な物語の中にその一回性の存在と人類の現実を開示するのである。(猪股剛)

→ 02. レヴィ゠ストロースの構造主義、43. 神話学の現在、45. 暗黙知と夢

ユング，カール・グスタフ (1992)『変容の象徴——精神分裂病の前駆症状』上下，野村美紀子訳，ちくま学芸文庫.
レヴィ゠ストロース，クロード (1972)『構造人類学』荒川幾男・生松敬三・川田順造・佐々木明・田島節夫訳，みすず書房.
―― (1979)『構造・神話・労働』大橋保夫編，三好郁朗訳，みすず書房.
Shamdasani, Sonu (2003), *Jung and the Making of Modern Psychology –the Dream of a Science–*, Cambridge University Press.

45. 暗黙知と夢

キーワード：ポランニー、南方熊楠、内在化、やりあて、tact

　言語の背景にあり言語化され得ない包括的な知、すなわち「暗黙知（tacit knowledge）」の概念は、科学哲学者のマイケル・ポランニーによって提唱された。

　暗黙知の事例として、例えば次のようなものがあげられる。自転車に乗る際、我々はさまざまなテクニックや筋肉の動きなどを必要とするが、練習すれば誰でも乗ることができるようになる。武道などにおける「技」などは、我々は、往々にして言葉で多くを学ばず、むしろ身体的に伝授される。このように、実は我々は日常においても暗黙知を発揮しているのである。つまり我々は、言語を越えたところで、対象に潜む非明示的な諸情報を確実に感得しているのである。

　暗黙知に「内在化（indwelling）」を欠くことはできない。ポランニーは、以下のように述べている。

　　事物が統合されて生起する「意味」を私たちが理解するのは、当の事物を見るからではなく、その中に内在化するから、すなわち事物を内面化するからなのだ。（ポランニー 2003:40-41）

　つまり、対象の内部にある視覚化できない諸情報の意味の統合は、対象へ深く入り込むことで可能になるということである。しかし、もしその際に主体が「個々の諸要素を事細かに吟味すれば、個々の諸要素の意味は拭い取られ、包括的存在についての概念は破壊されてしまう（ポランニー 2003:41）」のである。このような、諸細目の包括的な統合は、通常、明確に意識しつつ行えるようなものではない。無意識的な対象への内在化と諸情報の包括的統合の結果「創発（emergence）」つまり突然の上位層へのジャンプは起こるのである。

そして、例えば、これまでにはまったくできなかったことが急にできるようになったりもする。

ポランニーは、暗黙知の事例として、ラザルスとマクリアリによる「ショック綴りの実験」についても言及している。その実験とは、以下のようなものである。

被験者に多数の無意味な文字の綴りを見せ、いくつかの特定の綴り字を見せた後では電気ショックを与えた。間もなくして、被験者は「ショック綴り」を目にするだけで、電気ショックを予期しているような兆候を示すようになった。しかし、被験者にどの綴りを見たときにショックを予知するのかを尋ねてみても、被験者は明確に答えることができなかった。

つまり被験者は、ある綴りを見るだけで電気ショックを予知するという、まさに言語を越えた知を無自覚的に発揮したのである。このような実験の検証を経て、ポランニーは、我々には「いまだ発見されざるものを暗に予知する能力」が備わっていると主張する。

「暗に予知する能力」——、博物学者・民俗学者の南方熊楠は、これについて「tact」と「やりあて」（偶然の域を超えた発見や発明、的中。南方の造語）という言葉を用い、また自身の体験を挙げて説明しようとしている。

> この tact［…］熟練と訳せる人あり。しかし、それでは多年ついやせし、またはなはだ精力を労せし意に聞こゆ。実は「やりあて」（やりあてるの名詞とでも言ってよい）ということは、口筆にて伝えようにも、自分もそのことを知らぬゆえ（気がつかぬ）、何とも伝うることならぬなり。されども、伝うることならぬから、そのことなしとも、そのこと用なしともいいがたし。（1903 年 7 月 18 日付土宜法龍宛書簡）

ここで、南方は、まさにポランニーの「暗黙知」と同様のことを述べている。「tact」とは、通常日本語では「臨機応変の才、適否を見極める鋭い感覚」などと訳される。南方によると「熟練」の一言では片付けらず、また意識的に発動させることも難しい「tact」によって、人は「やりあて」ることができるということである。

南方は、友人の真言僧侶・土宜法龍（1854〜1923年）に宛てた書簡において「tact」と「やりあて」に関するさまざまな事例を挙げている。その中でも、南方自身がしばしば経験したという、夢による生物の発見は興味深い。

> 一例をいわんに、数量のことは、予期たしかなれば例までもなし、tact のことをいわん。明治二十三年、予、フロリダにありて、ピソフォラという藻を見出だす。これはそれまでは米国の北部にのみ見しものなり。さて帰朝して一昨年九月末、吉田村 (和歌山の在) の聖天へまいれば、必ず件(くだん)の藻あると夢みること毎度なり。（…）小児にでも見せて示さんと思い、とり帰る。さて顕微鏡で見るに、全く夢に見しピソフォラなるのみか、自分米国で発見せしと同一種なり。（同前書簡）

　南方による日記や書簡、論考には、このような「tact」による「やりあて」の事例（特に夢にかかわるもの）が数多く見られる。我々は、これらを南方の法螺やパフォーマンスだと言って捨て置くのではなく、その「意味」を考えることが肝要である。
　南方は、ある対象（ここでは、米国で見たピソフォラがなぜ日本にはないのかという問題）に対峙したとき、その内へと積極的に入り込み、それまでに培ってきた膨大な知識とフィールドワークで得た経験による目には見えない網で、諸情報を包括的につかみ取っていた。その結果、個々の諸情報は、夢の中で見事に統合されたのである。夢には、このように一見すると雑多でまとまりのない持ち合わせの知識をブリコラージュ的に統合する機能がある。

> 事物心一切至極のところを見んには、その至極のところへ
> 直入するの外なし。（1904年3月24日付土宜法龍宛書簡）

　南方は、対象への能動的な「内在化」を、ここで「直入」と述べている。いわゆる視覚のみで捉えられる事柄の最奥にある諸情報へ驚異的な集中力（南方はそれを「脳力」と言う）をもって直入する、このことが「やりあて」には必要なのである。また南方は、別の箇所で、

物事を包括的にまとめ上げるには「事物多く知らざるべからず」とも述べている。つまり南方は、包括的統合のためには遍学が必要であると考えていたのである。

　一方、このような遍学による知の網がなくとも「やりあて」てしまうケースもままある。それは例えば、他者の死の予知である。南方は、知人の死を夢で予知してしまうことが何度かあった。これは、彼の生得的な「tact」による「やりあて」と言えるであろう。ただ、そのような「能力」を保持していたとしても、自身の心の揺れに敏感に感じ取ろうとする構え（ある種の希望・期待）がなければ、「やりあて」も「暗黙知」も単なる偶然として片づけられてしまうであろう。

　南方は、土宜に宛てた書簡において、我々は「諸因果総体の一層上の因果」、つまり直線的な因果関係に還元されない、あるいはそれを超えた在り方を探求することこそ重要だと述べている（1904年8月8日付土宜法龍宛書簡）。それは一言で言えば、非因果的連関作用としての「やりあて」である。それを探求することにこそ、ロゴス的知性を乗り越える未来の知性の在り方のヒントが隠されているのである。

　例えば、人類学における大きなテーマの一つでもある「呪術」も、「暗黙知」や「やりあて」と深く関連している。まさにそれは「諸因果総体の一層上の因果」を志向するものであり、近代科学的な見方に依れば非合理的かもしれないが、それを実践する者・される者にとっては圧倒的な「リアル」なのである。いや、そもそも科学も呪術も同じ人類の同じ「心」の構造によって生じたものである。この構造を解明するためには「暗黙知」そして「やりあて」へのアプローチは、決して欠くことができないものである。（唐澤太輔）

　　→ 6. 今日のブリコラージュ，34. 交差する現代思想と文化人類学、37. 言語の存在論、44. 心理学と人類学

唐澤太輔（2014）『南方熊楠の見た夢──パサージュに立つ者』勉誠出版.
ポランニー，マイケル（2003）『暗黙知の次元』高橋勇夫訳，ちくま学芸文庫.
南方熊楠・土宜法竜（1990）『南方熊楠・土宜法竜往復書簡』飯倉照平・長谷川興蔵編，八坂書房.

46. 場所と創造性

キーワード:空間、場所、非-場所、家、移動

　ジャン=ピエール・ヴェルナンによると、古代ギリシア世界において場所性の具体的な根拠となる「家(オイコス)」という概念は、ヘスティアとヘルメスという二柱の神の存在に深く結びつけられてきたという。前者は「炉」の女神で、動かぬ中心とその周りに広がる人々の生活を保護する。後者は「門」と敷居、十字路を守り、内と外を自在に行き来する男神で、交通や通信といった活動に関係付けられてきた。住むことと移動すること。生活と交通。産み育て庇護する原理と、外部との交換をもたらす原理。興味深いことに、ギリシアの神話学では、両者は夫婦や血縁といった家族的な間柄ではなく、ただ分かちがたい「友情」によって結び付いている、と考えられてきた(ヴェルナン 2012)。

　空間をめぐる伝統的な人類学は、こうした二系統の属性を説明原理として活用してきた。たとえ非定住的な遊牧民や狩猟採集民の集団であれ、生活の中心には炉があり、暖をとったり食事したりする場所として、仮設的な「家」が構築されることが多い。また、どのような定住的集団も、何らかの「門」によって外部へと開かれ、あるいは閉ざされた家屋や集落をもつ。情報や物資や人は、この門からある社会へと届けられ、そこからそれぞれの家へ、個人の身体へと届けられる。「炉」と「門」の関係は、場所と創造性をめぐる不可分の問いを孕み、非対称で解消されることのない間隙を明るみに出しながらも、共同生活を営む人々の現実を反映する。

　ところが、ヘスティアとヘルメスの固い友情は、現代の世界では大きく揺るぎつつあるのかもしれない。人類学者のマルク・オジェは、現代的な空間を考察する一連の研究の冒頭で、テレビとコンピューターが、かつて家庭の中心にあった炉の空間に代替され、かつてのヘスティアの地位を電化されたヘルメスが奪いつつあることを

指摘している（Augé 1995: VIII）。炉の女神と敷居の男神の相補性によって構築される宇宙論的な秩序は、オジェのいう「人類学の場」の典型である。それは社会の成員に帰属意識と誇りを与え、仕事の生きがいやかけがえのない家庭の価値、先祖の記憶や社会的な連帯を認識させてくれるだろう。しかし、たとえば空港や高速道路、ショッピングモール、大都市のターミナル駅などの仕切られた空間は、人称や個性や共同性の文脈から遊離した、「非‐場所（Non-lieux）」としての特性をもつ。オジェによれば、この「非‐場所」は共同体の記憶に基づいた固有の空間とは明らかに対立する。現代は後者が前者を凌駕し、これまでの人類学的な場所性のモデルを更新しつつある「超近代性（surmoderité）」の時代であり、そこではどのような「人類学の場」も、脱領土化された「非‐場所」との共存状態から逃れることはできない、というのである（Augé 1995）。

　「非‐場所」に着目するオジェの人類学は、同時代の他の学問的潮流と深い次元で連動している。たとえば人文地理学の文脈では、マルクス主義を空間論的に転回したとされるアンリ・ルフェーブル（2000）にせよ、ミシェル・フーコーの権力論を基軸として知覚された空間と想像された空間の乖離を超える可能性について述べたエドワード・ソジャの『第三空間』（2017）にせよ、上記の原理的な緊張の力学に反応し、生起しつつある事態を理解することに労力が注がれてきた。ソジャがフーコーから引き継いだ「ヘテロトピア」という概念は、こうした空間秩序の変容の後、新たに見出されるであろう、多元性と異種混淆性のビジョンにほかならない。今日の人文地理学もまた、もはや、居住空間の中央に「炉」を有する伝統的な居住空間が崩れ、家郷的なものの安定性が自明の理ではなくなった世界を相手にしなければならないのである。

　人類学と地理学の境界領域から人文知の構成を再検討すると、イーフー・トゥアンの「現象学的地理学」の成果が、比較民族誌学的な手法によって「炉」を中心とするコスモスの組成法を明らかにしてきたことの重要性が、改めて浮かび上がる。また、トゥアンの研究を継承したエドワード・レルフ（1999）は、実存的な領域を侵犯する「脱場所性」の様態を描き出してきた。近年では空間認知科学の立場から GPS などのナビゲーション技術に都市空間の設計について研究したコリン・エラード（2014）や、インターネットや携帯電話がもた

らす場所性の変容について研究したティム・クレスウェル（Creswell 2013）などの興味深い成果も現れている。

こうした展開を背景にしながら、人類学者たちも「場所性」に関する新たな視座を獲得してきた。たとえば1990年に、英語圏を中心に台頭した景観人類学（landscape anthropology）では、従来の人類学が想定してきた同質的な生活領域として「場所」を理解するのではなく、個人や集団が対話や競合を通じて記憶やアイデンティティを共有し、生の感覚を編み出す動態的な概念としてそれを再定義しようとした（Hirsch and O'Hanlon 1995）。日本でもこうした潮流を受けて、「内的景観」と「外的景観」という二元的な観点によって景観をとらえる研究を超え、身体・政治・マテリアリティという3つのキーワードによって新たな視点を開き、場所の記憶や知覚、歴史の景観化といった興味深い問題を扱う研究が現れてきた（河合編　2016）。

また、先住民の政治的エコロジーと宇宙論の関係を研究する最近の人類学も、形式的な地域研究の枠組みを超えた、新たな場所との関係性を提起している。たとえばマリソール・デ・ラ・カデナは、大地を無味乾燥な資源とみなすのではなく、アンデスの先住民が「ティラクーナ（tirakuna）」すなわち「地のものたち（Earth Beings）」と呼ぶ感覚を持った存在者たちとの関係性をめぐって、新たな民族誌的記述の次元を露わにした。その試みは、大地を鉱山資源に還元しようとする開発者に対して、人間と非人間（山、川、作物、種子、羊、アルパカ、ラマ、土地等）との関係を巧みにやりくりしながら共に場所を作り出し、国家や国際的な政治の場に「聖なる山」への注意を喚起しようとする先住民の実践を描写しようとするものだ。世界的に進行する「場所」と「非-場所」の分裂を超えて、地球上の各所に現れる複数の実践、場所性をめぐる問いはその乱流とともに伸長する複数の思考の線に寄り添い、私たちの空間認識や流動する感覚を、深部から更新しようとしている。（石倉敏明）

　　→ 05. 今日の民族誌，09. 自然／人間、23. 地域、47. 環境人文学

ヴェルナン,ジャン゠ピエール(2012)『ギリシア人の神話と思想——歴史心理学研究』上村くにこ/シッシュ,ディディエ/饗庭千代子訳,国文社.

エラード,コリン(2014)『イマココ——渡り鳥からグーグル・アースまで、空間認知の科学』渡会圭子訳,早川書房.

ソジャ,エドワード・W(2017)『第三空間——ポストモダンの空間論的転回 新装版』加藤政洋訳,青土社.

デ・ラ・カデナ,マリソール(2017)「アンデス先住民のコスモポリティクス——「政治」を超えるための概念的な省察」田口陽子訳『現代思想』Vol.45 (4):46-80,青土社.

トゥアン,イーフー(1993)『空間の経験——身体から都市へ』山本浩訳,ちくま学芸文庫.

河合洋尚編(2016)『景観人類学 身体・政治・マテリアリティ』時潮社.

ルフェーブル,アンリ(2000)『空間の生産』斎藤日出治訳,青木書店.

レルフ,エドワード(1999)『場所の現象学——没場所姓を越えて』高野岳彦・阿部隆・石山美也子訳,ちくま学芸文庫.

Augé, Marc (1995) *Non-Places: Introduction to an Anthropology of Supermodernity*, translated by John Howe, Verso.(邦訳はオジェ,マルク(2017)『非-場所 スーパーモダニティの人類学に向けて』中川真知子訳,水声社.)

Cresswell, Tim (2013) *Place: An Introduction (Short Introductions to Geography) 2nd Edition*, Wiley-Blackwell.

Hirsh, E. and O'Hanlon, M.(eds.)(1995) *The Anthropology of Landscape: Perspectives on Place and Space*. Oxford: Clarendon Press.

47. 環境人文学

キーワード：人文学、環境、人新世、学際、不知火海総合学術調査団

　1970年代の環境哲学、80年代の環境史、90年代のエコクリティシズム（環境文学研究）に例証されるように、20世紀後半に入って社会科学を含む人文学諸分野に「環境」を冠する動きが顕著にみられた。環境問題は自然科学の領域とみなされる傾向があるが、環境に着目する人文学の動向は、環境問題を倫理、歴史、文化表象といった価値観の問題として考察する新たな視角を提示し、環境問題への人文学的アプローチの構築を目指している。この動きは、従来の専門分野の壁を超えた隣接分野との協働の指向性を有している。人文学の環境的転回 (environmental turn) を表わした次頁の図版に示されているように、哲学と人類学の対話から環境思想が、歴史学と考古学から環境史が、文学研究と歴史学からエコクリティシズムが生まれたとされる。こうして漸次個別に発展した、いわば小さな学際的動きを、人文学全体において結わえる大きな領域横断的試みが今日、環境人文学 (Environmental Humanities) とよばれるものである。言い換えれば、環境人文学は、新しい研究対象や手法を提示するというよりも、小さな学際的動きのなかで蓄積されてきた環境をめぐる人文学的パースペクティヴを大輪の花として咲かせることを目指していると言える。

　環境人文学が学術用語として人口に膾炙したのは2000年代に入ってからのことである。オーストラリア、北米、西欧、北欧で活発な動きを見せており、環境人文学プログラムを擁する大学も多い。先駆的な動きとして、オーストラリアでは「生態学的人文学 (Ecological Humanities)」という呼称で2004年から組織的な研究が進められ、そのプラットフォームとして、2004年から2012年にかけて『オーストラリア人文学レビュー』に生態学的人文学のセクションが設けられた。そのような研究の蓄積から生まれたのが、完全オー

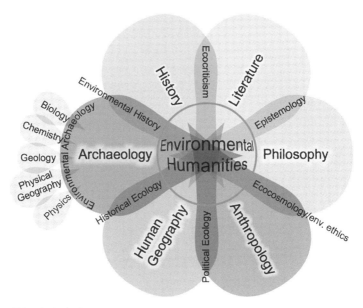

環境人文学の概念図 © Philip Buckland and Steven Hartman, modified from Nygren et al 2014: Fig. 14

プンアクセス制をとる国際学術誌『環境人文学』である。この学術誌には学術論文に加えて、「環境人文学のための生けるレキシコン」と題されたセクションがあり、「気候」「ケア」「レジリエンス」をはじめとする環境問題のキーワードについて、主流ナラティブの批判的分析と創造的洞察を織りまぜた解説が供されている。このレキシコンのセクションは、専門分野によって概念の捉え方が異なるという現状を鑑み、重要概念をめぐる共通認識の構築に向けて積極的な役割を果たそうとするものでもある。同様の試みは、2014年から15年にかけて行われたカリフォルニア大学ロサンゼルス校の環境人文学国際プロジェクトにも顕著である。「人新世」「トランススピーシーズ／マルチスピーシーズ・パースペクティヴ」「貧困と環境主義」「ドメスティケーション」等の概念ないしテーマ毎に、分野の異なる研究者の対話・討論の場を作り、概念をめぐる認識の齟齬ならびに多面性をあぶり出し、環境問題をめぐるナラティブの恣意性あるいはダイナミズムを明らかにした（Heise, et al. 2017）。環境人文学は、それぞれに専門

分野が異なる研究者の協働を目指すものであり、当然のことながら環境人文学という専門分野があるわけではない。したがって、問題や概念に関して分野横断的に共通認識を構築することが生産的対話の創出に不可欠である。『環境人文学』のレキシコンセクションやUCLAのプロジェクトを一例とするそのような試みは、西欧、北欧、そして日本でも進められている。

　日本では、先述したオーストラリアの先駆的試みよりもさらに前に、環境人文学の萌芽がみられた。1976年に結成された「不知火海総合学術調査団」の実践である。社会学、歴史学、政治学、哲学、経済学、民俗学などの専門家から成る調査団は、団長の色川大吉の言葉を引けば、「不知火海沿岸住民の水俣病と近代化による被害の実態の総合的な学術調査をめざして、ひろく専門家をあつめて構成されたわが国ではめずらしい学際的なグループであった」（色川1983上：6）。5年以上にわたる調査の軌跡には、現在「環境人文学」とよばれる学術的動向に関して示唆に富む点が多い。調査団では、水俣病問題の実体を捉えるための共通基盤の形成に向けて定期的に合宿形式による現地調査が行われ、個々の団員の専門的見地に基づく考察が相互関連性を持った形で深められたようである。無論、相互関連は見解の齟齬を際立たせる場合もあり、たとえば、水俣病多発地帯である漁村に近代的な個とは異質な共同体によって深められる個を見出し、「内発的発展」という視点から共同体再生を描く見方と、水俣病闘争による地域の自律性の衰弱が近代化の進行に寄与したという見方が、調査団内部で激しい議論を生んだ。方法論に関しても、学術調査とその発表形態である学術論文の適切さに関して賛否両論があったという。結果的に、調査団は「環境問題の全体的な多くの側面についての調査の方法的な切り口を示すことはできたが、その展開は十分ではなかった」（色川1983下：472）。報告書として刊行された『水俣の啓示』（上・下）には、各論に加えて内部分裂の経緯も綴られており、環境問題をめぐる学際的研究の難しさがリアルに表されている。見方を変えれば、議論をたたかわせる場があってはじめて学際的研究と呼びうるということが示唆されていると言えよう。

　21世紀の現在、何が環境人文学という学際的動きを駆り立てているのだろうか。主な要因として、地球規模の環境変化に対する強い危機感と、環境危機にともなう人間観の変化の二つが挙げられる。専

ら人間の世界のみを研究対象とし非人間の存在や世界に関心を向けてこなかった旧来の人文学のあり方を自己批判的に問うスタンスは、地球環境問題を人間の世界観・価値観として再定義することの喫緊性の認識を深めてきた。先述の通り、1970 年代から人文学諸分野で環境問題への取り組みが進められてきたわけだが、環境人文学はそうした取り組みの協働が生み出すマトリクスと言ってよい。なぜ人文学諸分野を横断する協働が重視されるのか。その背景には、昨今の環境問題をめぐる議論において「人間の行為主体性」の捉え方が均一かつ狭隘になっていることへの懸念がある。とりわけ 21 世紀に入って「人新世」という概念が普及し、人類の活動の全地球的影響が共通認識になるにつれ、地球環境に対する人類の影響や責任といった形で「人間」を平準化して捉える傾向が強まっている。しかし、人間を均一的に捉えると人種やジェンダーなど人間社会の複雑な諸問題が見えなくなる。環境人文学は、意味や表象や価値観や倫理の問題をめぐる学際的人文知を環境の問題と関連して深化させることにより、人間を「もっと濃い概念」として表現し提示する役割を果たそうとする。環境問題は環境の問題ではなく人間の問題であるというパラダイムシフトが、環境人文学の発展によって可視化されつつある。（結城正美）

→ 9. 自然／人間、10. 人新世、12. マルチスピーシーズ民族誌、15. エドゥアルド・コーンの諸自己の生態学

色川大吉編（1983）『水俣の啓示――不知火海総合調査報告』上下，筑摩書房.
野田研一，山本洋平，森田系太郎編著（2017）『環境人文学 II　他者としての自然』勉誠出版.
Heise, Ursula K., Jon Christensen, and Michelle Niemann, eds.（2017）*The Routledge Companion to the Environmental Humanities*. Routledge.
Environmental Humanities［オープンアクセスオンラインジャーナル］http://environmentalhumanities.org

48. 霊長類学と人類学

キーワード：本性、進化、起源、多様性、未来

　霊長類学も人類学も、その外延がはっきりしない学問分野である。よって、総体としての霊長類学と人類学を対比するのはほとんど困難である。そこで本項では、霊長類学としては主として野外研究に基づく霊長類の行動、生態、社会学的研究を、人類学としても同様に現地調査に基づく文化・生態・社会人類学的研究を念頭に置いて、両者の関係を論じることとする。

　霊長類学の始まりの背景は国によって様々である。イギリスでは、人類学の影響が強く、大陸では心理学の影響が強い。アメリカ合衆国では人類学、心理学両方から影響されているが、これは米国の霊長類学がイギリスと大陸の両方から影響を受けたためであろう。日本の霊長類学は欧米とは異なり、今西錦司という個人の強い影響のもと、彼の提唱した「動物社会学」の一環として始められた。

　欧米や日本の霊長類学に共通する特長は、それが霊長類の研究を通じて人間の「本性」やその「起源・進化」の解明を主たる目的としていたことである。その点で、初期の霊長類学と初期の人類学とは、その目的意識において大きな共通点があった。

　霊長類学は、それまで人間の本性にして固有の性質であると考えられていた諸特性がヒト以外の霊長類にもみられることを次々と明らかにして、われわれの人間観を大いに揺るがした。例えばチンパンジーにおける道具の使用、幸島のニホンザルの芋洗い行動に代表される文化的行動、類人猿による手話や図形文字の習得、複雑で秩序だった社会構造とそれを支える高度な社会的インタラクションの存在などである。

　また、人類学と霊長類学は多くの問題意識を共有し、互いの研究成果を参照しつつさらに新たな問題を見出してゆくという関係が成立していた。実際に霊長類学者と人類学者の双方が参加する共同研究も

多く実施された。一世を風靡した「狩猟仮説」を生み出した 1966 年のシンポジウム "Man the Hunter" をオーガナイズしたのは人類学者のリチャード・リーと霊長類学者のアーヴィン・デヴォアの二人であった（Lee & DeVore, 1999）。

　このように初期においては人類学に多大な影響を与えた霊長類学であったが、やがて人類学と霊長類学とは互いに袂を分かってゆく。初期の人類学は人類に普遍的な性質すなわち人間の本性を明らかにしようとしていたし、ルイス・ヘンリー・モーガンに代表されるように進化的視点を備えていた。しかし、そうした視点はやがて批判に晒され、文化相対主義の台頭などをへて、現在では人類の普遍性やその進化にはほとんど関心が払われず、むしろそうした一般化に背を向け、自分が調査対象とする民族なり社会についてひたすら「厚い記述」を積み重ねて民族誌を紡ぐことに価値を見出すようになっていった。

　一方、霊長類学は人類学から生態学へと足場を移していった。霊長類の社会や行動を進化の観点からではなく、生態学的観点すなわち現在彼らが置かれている環境条件に対する応答として論じる研究の比重が増している。また、霊長類の研究を通じて人間を解明しようというより、霊長類そのものを理解することに研究者の関心が移っていった。近年でも中堅からベテランの霊長類学者が独自の観点による人類進化論を提唱することはあるが、それらの多くは「論」にとどまり、実証的な研究を生み出す「仮説」たり得ていない（たとえばランガム 2010）。

　今後、霊長類学と人類学が再び接近し、協働する可能性はあるのだろうか。筆者はその可能性は大いにあると考えている。キーワードは「多様性」と「未来」である。

　初期の霊長類学では、社会や生態を種や上位分類群ごとに類型化する傾向があったが、1980 年代以降、研究対象種の広がりや野外調査地の増加にともない、類型よりも変異に関心が持たれるようになってきた。特に同一の種が多様な生息環境に適応して地域ごとに多様な行動、社会、生態をとることが明らかになるにつれ、変異の幅には種ごとに一定の限界はあるものの、変異のそれぞれがその種にとって自然な有り様であると考え、変異のどれかひとつを典型と考えることはしなくなっている。このような「本性」から「多様性」への関心の転換は、今日の人類学のトレンドと非常に相性がよいと思われる。社会

における多様性をいかにとらえ、記述し、理解するか、という点において、霊長類学と人類学とが協働する余地は大いにあろう。

ところで、1990年代以降の霊長類学は、霊長類の保全活動と切り離すことができなくなっている。現生霊長類のほとんどが絶滅の危機に瀕している。森林伐採や地下資源採掘、人口増大に伴う農地の拡大、都市化などに起因する生息地の破壊や分断化、商取引を目的とした狩猟圧、地域紛争や内戦といった政治的不安定、そして人間との接触機会の増大がもたらす人獣共通感染症への罹患リスクの増加が、主たる脅威の源である。こうした状況では、霊長類の進化プロセス、すなわちかれらが歩んできた過去を解明することより、かれらの絶滅を回避し、今後も存続する未来への道筋を創出することの重要性が増すであろう。実際、近年は保全生態学や実際の保全活動を入り口として霊長類学の世界に進む研究者も増えている。

霊長類の生存を脅かす諸問題は、同時に彼らの生息地やその周辺に暮らす人々が直面している問題でもある。そして多くの人類学者が自らのフィールドにおいてこれらの問題と格闘し、何らかの形で関与するようになってきている。また、開発や紛争、都市化やグローバル化、そして生物多様性保全といった現代的問題そのものをテーマとする人類学的研究も増えている。人類学もまた、人類の来し方（過去）を探求するものから、現代的課題と向き合い人類の行く末（未来）を構成するものへと変容してゆくかのようである。ヒトとサルとが共存する未来の構築において、人類学と霊長類学の協働は大きな力となるであろう。

そうした協働を促進する動きの一つとして、近年、Ethnoprimatology（直訳すると"民族霊長類学"）という枠組みが注目されている（Dore, Riley & Fuentes 2017）。これはヒトとヒト以外の霊長類は生物学的、進化的、生態学的、文化的に深く結びついているとの認識のもと、ヒト、ヒト以外の霊長類双方を学際的に研究しようという枠組みである。

たとえばある文化において霊長類をモチーフとした神がいたとして、その神に与えられた性格を理解するには、モデルとなった種の行動や生態の情報が役立つかもしれない。また、これまで霊長類（に限らず、野生動物一般）の「自然な／本来の」姿を知るには人為の影響がない環境で研究せねばならないと考えられていたが、現生霊長類の

大部分の生息地は人間のそれと重なっており、生態学的に（たとえば捕食者として）人間活動の影響を強く受けている。さらに、それは地域によっては数千年以上の歴史を持っている。だとするならば、人間と関わり合う姿こそがそのサルの「自然な／本来の」あり方かもしれない。そして、人間がサルの生態に与える影響は、そこにすむ人々の生業や文化と切り離して考えることはできない。ならば霊長類の生態研究には人類学の手法や成果を取り入れてゆく必要がでてくる。

　現時点では、Ethnoprimatology は霊長類学において大きな潮流とはなっていない。しかし、人獣共通感染症の防止や霊長類の保全といった実際的な課題の解決において有効な枠組みとして導入が進んでおり、今後の発展が期待される。（竹ノ下祐二）

　　→ 09. 自然／人間、12. マルチスピーシーズ民族誌、49. 複雑だった人類の進化、50. ホモ・サピエンス

Dore, Kerry M., Riley, Erin P. and Fuentes, Agustín（2017）*Ethnoprimatology*. Cambridge University Press.
Lee, Richard Borshay and DeVore, Irven（1999）*Man the Hunter*, Aldine De Gruyter.
ランガム，リチャード（2010）『火の賜物——ヒトは料理で進化した』依田卓巳訳，エヌティティ出版.

49. 複雑だった人類の進化

キーワード：猿人、原人、旧人、出アフリカ、地理的多様性

　過去に生きた人類の個体数に対し、我々が発見して研究できる化石骨の数はわずかでしかない。このように不完全な化石記録を解釈するがゆえに、人類の進化史については論争が絶えない。それでもこれまでの証拠の蓄積は、人類進化の大筋を描くのに充分な量に達している。ここではホモ・サピエンス（新人）以前の人類進化史について、主に化石形態学の立場から、そのような大枠を述べる。

　化石の証拠から、現生のヒトとチンパンジーの系統は、800万～600万年前のアフリカにいた共通祖先から枝分かれしてそれぞれの道を歩んできたと考えられる。人類とは、この分岐後のヒト側にある全ての系統を含む語である。

　化石で知られている人類の種はざっと20ほどあるが、日本の人類学界では、専門家による種分類の論争を避けて人類進化の大筋がわかるようにするため、これらを初期の猿人・猿人・原人・旧人・新人の5つの進化段階（グレード）に整理している。

　「初期の猿人」は、エチオピアから報告された440万年前のラミダス猿人（アルディピテクス・ラミダス）に代表される。身長120cmほどのこの人類は、脳は小さいが、人類的な犬歯の小型化傾向を示していた。直立して二足歩行できる一方、四足歩行も木登りもうまく、手だけでなく足にも把握能力がある霊長類一般の特徴を残していた。犬歯の縮小傾向や雌雄差が比較的小さいといった間接的証拠から、ラミダス猿人は一夫一婦的な社会構造を有していたとの推論があるが、これについては異論もある。

　次の段階の「猿人」を代表するアファール猿人（370万～300万年前、アウストラロピテクス・アファレンシス）では、おそらく東アフリカにおける森林の衰退に伴い、足の把握能力が失われて直立二足歩行が強化された。アファール猿人は大きな臼歯と顎を持っていたが、

300万年前以降にアフリカの草原化が進むと、臼歯と顎の巨大化傾向が極端に進んだ頑丈型猿人（パラントロプス属）と呼ばれるグループが出現した。頑丈型猿人の系統は繁栄し、後述する原人の登場後も長く存続したが、140万年前頃に姿を消した。これによって猿人のグループは絶滅した。

猿人たちは直立二足歩行というヒトの特徴を獲得していたものの、脳サイズは類人猿と大きく違わなかった。彼らの化石はアフリカでしか見つかっておらず、この時期の人類は、動物界の中では比較的マイナーな存在であったことがうかがわれる。

「原人」は、ホモ属（我々現生人類が含まれる属）の古い段階のグループで、脳の大型化と咀嚼器（歯と顎）の縮小化という、ヒトの頭部の特徴的形態を示し始めた人類と考えてよい。行動面では石器を多用し、頻繁に肉食を行なうようになった。石器製作や狩猟といった技術はその進化史の過程で次第に向上したようで、100万年前までには火の使用も始まっていたと考えられている。

原人が300万〜200万年前の東アフリカでいつ、どのように出現したかについては不明な点が多い。初期の原人であるホモ・ハビリスから後期の原人を代表するホモ・エレクトスが登場する過程において、脳容量はさらに増大し、身体の大型化や脚の伸長が起こり、長距離走行や投擲が得意というヒトらしい身体特徴が進化した。生息域もアフリカからユーラシアの中〜低緯度地域へと大きく広がったが、これは狩猟行動の発達と無縁でないかもしれない。

原人による人類初の出アフリカを示す信頼できる証拠は、コーカサス地方（ジョージア）にある185万〜178万年前のドマニシ遺跡から石器や人骨化石として得られている。ドマニシ遺跡を越えて原人がいつヨーロッパやアジアの深部へ拡散していったかは、まだ解明されていない課題である。ヨーロッパではスペインの120万年前とされる化石が現時点で最古とされ、中国やインドネシアへの原人の到達年代は170万〜120万年前の間であったようだ。

生息域を広げた原人は、やがて多様化していった。ジャワ原人（120万〜5万年前？）や北京原人（75万〜40万年前？）といったホモ・エレクトスの地域集団が現われただけでなく、ジャワ島の東にあるフローレス島には、身長1.1mほどに矮小化したフローレス原人（ホモ・フロレシエンシス）が現われた。中国南部〜台湾にかけての

地域にも、また別系統の原人が存在した可能性がある。

このように、最近の新たな化石の発見により、原人の進化史が意外に多様で複雑だった様子が見えてきつつある。特にフローレス原人においては、身体サイズのみならず脳サイズにも矮小化が起きていることが判明し、人類は誕生以来、脳を大型化させる方向に進化してきたとの従来概念を打ち崩した。孤立した島という特殊環境下で起こったことではあるが、人類の進化も環境に強く規定されることを印象づけた事例として注目される。こうした原人に見られる地理的多様化の傾向は、原人よりもさらに脳サイズが増した旧人が現われてからも、おそらく変わっていない。

「旧人」とは、原人よりもさらに脳が増大したが新人（ホモ・サピエンス）にみられない原始的特徴を残していた人類の総称である。その代表格はヨーロッパに分布中心があったネアンデルタール人だが、アフリカとアジアにも特別な名はつけられていない別の旧人集団がいた。

旧人の時期には、骨器や木製槍の製作、日常的な火の利用、狩猟技術の向上、死者の埋葬などがみられるようになる。しかし装飾や壁画などの芸術的活動は、なかったかあっても稀で控えめだった。言語については不明だが、多くの研究者は現代のように発達した言語は存在しなかったと想像している。

旧人はおそらくアフリカで進化し、ユーラシアでは60万〜30万年前に現われて4万年前ごろまで存続していたと考えられる。旧人の分布域は、原人のそれより若干北上したようだが、北緯55度のラインや大海を越えることはなかったようだ。興味深いことに、この時点でアジアの辺縁部（インドネシアや台湾）にはなお原人の系統が残存していた場所があったらしい。つまり5万年前頃のユーラシアには、各地に多様な原人や旧人の集団がいたのである（212頁の図）。このことは、地球上の人類がホモ・サピエンスしかいない現代が、人類史上、特異な時代であることを教えてくれる。（海部陽介）

→ 9. 自然／人間、48. 霊長類学と人類学、50. ホモ・サピエンス

川端裕人著／海部陽介監修（2017）『我々はなぜ我々だけなのか』講談社ブルーバックス.
河野礼子監修（2015）『人類の進化大研究』PHP 研究所.
ストリンガー，クリス／アンドリュース，ピーター（2012）『改訂普及版 人類進化大全』馬場悠男・道方しのぶ訳，悠書館.
諏訪元（2014）「人類が辿ってきた進化段階」『生物科学』Volume 65,No.4:195-204.
中山一大・市石博編（2015）『つい誰かに教えたくなる人類学 63 の大疑問』講談社サイエンティフィク.
リーバーマン，ダニエル・E（2015）『人体 600 万年史——科学が明かす進化・健康・疾病』上下，早川書房.

- ～200万年前の猿人および初期の原人
- ～150万年前の原人
- ～5万年前の旧人と原人
- ～現在まで

図 人類の分布域の拡大。ホモ・サピエンスの時代になってから、世界は急速に人類で埋められた。

Lexicon Contemporary Anthropology 213

50. ホモ・サピエンス

キーワード：新人、アフリカ起源説、世界拡散、集団と文化の多様化

　ここでは人類学の研究対象である人間（ホモ・サピエンス）について、その定義、特徴、起源と、その進化研究の現状について述べる。
　ホモ・サピエンスとは現生人類、つまり現代人が含まれる人類の種のことで、クロマニョン人や縄文人などの先史時代集団も含む。ラテン語で「賢いヒト」を意味し、生物分類体系の礎を築いた博物学者カール・フォン・リンネによって1758年に命名された。人類進化を猿人、原人、旧人、新人などの段階（グレード）に分けた場合の新人に相当する。かつては、ネアンデルタール人などの旧人も含めてホモ・サピエンスとする考え（広義のホモ・サピエンス）が影響力を持っていたが、ここでは採用しない。
　遺跡で発掘された人骨化石がホモ・サピエンスであるかどうかは、基本的に現代人的な形態特徴（例えば大きく丸い脳頭蓋、後退して繊細化した顔面、オトガイの発達）を備えているかどうかで決められる。近年では現代人のみならずネアンデルタール人などのDNA配列が判明しつつあるため、化石骨などからDNAが得られた場合は、それでホモ・サピエンスと判定できる場合もある。
　過去700万年間に出現した人類の中で、ホモ・サピエンスの存在は際立っている。原人や旧人に比べて筋力は劣っていたが、ホモ・サピエンスは行動面の新奇性が著しく富んでいる。
　原人や旧人が装飾行為や芸術・儀礼的活動を行なっていた遺跡証拠は、ないかあっても乏しいが、ホモ・サピエンスの遺跡では、それらがありふれたものとなる。原人や旧人の分布域は、アフリカとユーラシア大陸の中～低緯度地域にほぼ限られていたが、ホモ・サピエンスはその壁を突破して寒冷地、乾燥地帯、高山、島を含む世界の隅々にまで進出し、その後も人口を爆発的に増やして地球上で普遍的な

存在となった（図）。さらに食糧生産（新石器）革命、都市文明の発達、文字の発明、金属器の発明、世界宗教の登場、産業革命、流通革命、情報革命など、人類史上特記すべき大きな変革も、全てホモ・サピエンスの社会内で起こっている。初期人類の時代とは大きく変わって、ホモ・サピエンスは地球の各所で他の生物を圧倒し、生態系を大きく変えるほどの影響力を持つ存在になった。

こうしたホモ・サピエンスの社会内での数々の革命や技術的進歩を生み出す原動力となったのが、しばしば"認知革命"と表される、認知能力の進化であったと多くの研究者は捉えている。それが実際にどのような脳内構造の変化であったのかについては推論するよりほかないが、予見・計画能力、創造力、想像力、抽象的思考能力、言語能力などがあり得る要素としてあげられている。人間がその脳サイズから予測される以上に大規模なコミュニティーを作れるのは、想像力を働かせて虚構をつくりだし、それを集団の求心力とするからだとの仮説があるが、実際にホモ・サピエンスを飛躍させた認知能力には、上にあげたような他の要素も関連していただろう。

ではこのようなホモ・サピエンスは、どこで出現したのであろうか？これについては次に述べる多地域進化説とアフリカ起源説の2つの理論があったが、現在では後者が正しいということで論争は決着している。

多地域進化説は、「各地に分布していた原人・旧人集団が、（隣接集団間の遺伝子交換を経験しながら）それぞれの地域でホモ・サピエンスへ進化した」とするもので、かつては一定の支持を集めていた。しかし20世紀末から遺伝学・人類化石・考古学の研究が急速に進み、「ホモ・サピエンスはアフリカの旧人から進化して世界各地へ広がった」というアフリカ起源説を支持する証拠が積み上げられていった。最新の遺伝学データは、全ての現代人の共通祖先となるホモ・サピエンスの集団が、20万～10万年前のアフリカにいたことを物語っている。化石の証拠も、アフリカでは30万～10万年の間に現代人的な頭骨形態を備えた人類が登場したが、同じ頃、ユーラシア各地では原人や旧人の集団が存続していたことを示している。

アフリカ起源説の定着を受けて、最近の人類・考古学者の関心は、次の大きな課題に移っている。それは「ホモ・サピエンスが、いつどのように世界中へ拡散したか」というテーマである。21世紀に入ってから活発化してきたこの研究路線は、将来、次のような興味深い課

題へ発展して行くことだろう。

- ホモ・サピエンスの文化は、どのような過程を経て地域的多様性を示すようになったのか？
- ホモ・サピエンスの身体特徴の多様化は、いつ、どのように起こったか？
- 原人や旧人は基本的に寒冷地や大洋上の島に進入できなかったが、ホモ・サピエンスはいかにしてそれを成し遂げたのか？
- ホモ・サピエンスの拡散の過程で、土着の原人・旧人との間にどのような接触があったか？
- なぜ現在の地球上にはホモ・サピエンスしかいないのか？

このようなホモ・サピエンスの世界拡散の研究の舞台には、もちろん日本列島も含まれる。例えば、列島からは世界最古の罠猟の証拠（落し穴）や世界最古の釣り針が発見されており、ここでもホモ・サピエンスらしい新奇的活動が繰り広げられていたことがわかっている。筆者自身も、彼らがいかにして困難な海を越え、この土地にたどり着いたのかを航海実験を通じて探ろうとしている（国立科学博物館「3万年前の航海 徹底再現プロジェクト」）。

最後に、現代人の起源論争の中で思いがけず得られた重要な知見について触れたい。現代人は見かけの上で大きな地理的変異を示し、それが"人種"分類に利用されてきたし、時に異集団の交流の障壁にもなってきた。ところがゲノムを解析してみると、世界中の現代人内の遺伝的多様性は、チンパンジーのそれよりはるかに小さいことがわかった。互いの見かけが似ているチンパンジーが、見かけの変異が大きい現代人よりDNAの個体差が大きいというのは、一見不思議である。これはホモ・サピエンスが世界各地へ分散したことにより、見かけに関わる一部の遺伝子に差異が生じたことを示している。つまり大多数の他の遺伝子は共通性が高いということで、だからこそ、異なるホモ・サピエンスの地域集団どうしが、相互に理解し共通の価値を見出すことが可能なのであろう。（海部陽介）

→ 10. 人新世、48. 霊長類学と人類学、49. 複雑だった人類の進化

次頁図 人類の系統樹。2010年時点の情報に基づいて著者が製作した。ホモ・サピエンスの時代になって人類の多様性が失われたことがわかる（原図：国立科学博物館常設展示）。

海部陽介（2005）『人類がたどってきた道』日本放送出版協会.
─── （2016）『日本人はどこから来たのか？』文藝春秋.
ハラリ，ユヴァル・ノア（2016）『サピエンス全史』上下，柴田裕之訳，河出書房新社.
ボイド，ロバート／シルク，ジョーン・B（2011）『ヒトはどのように進化してきたか』松本晶子・小田亮監訳，ミネルヴァ書房.
ロバーツ，アリス（2013）『人類20万年 遙かなる旅路』野中香方子，文藝春秋.

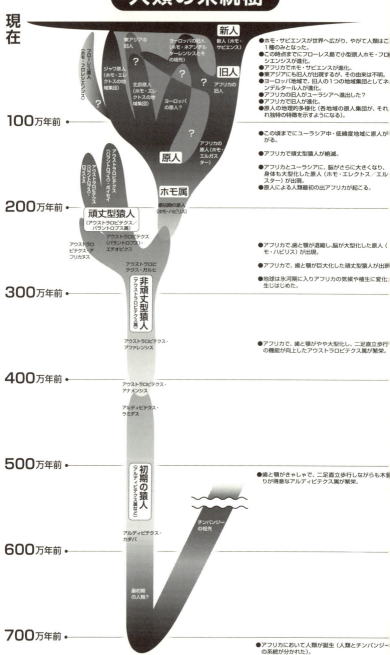

編者紹介

奥野克巳（おくの かつみ）
1962 年生まれ。立教大学異文化コミュニケーション学部教授。主な共編著に『鳥と人間をめぐる思考：環境文学と人類学との対話』野田研一編（勉誠出版、2016 年）がある。

石倉敏明（いしくら としあき）
1974 年生まれ。秋田公立美術大学大学院複合芸術研究科准教授。主な共著に『野生めぐり：列島神話の源流に触れる 12 の旅』田附勝著（淡交社、2015 年）がある。

執筆者紹介

石井　匠（いしい たくみ）
1978 年生まれ。岡本太郎記念館客員研究員。主な著書に『縄文土器の文様構造──縄文人の神話的思考の解明に向けて』（アム・プロモーション、2009 年）がある。

石井美保（いしい みほ）
京都大学人文科学研究所准教授。主な著書に『環世界の人類学──南インドにおける野生・近代・神霊祭祀』（京都大学学術出版会、2017 年）がある。

猪股　剛（いのまた つよし）
1969年生まれ。帝塚山学院大学人間科学部心理学科准教授。主な共著に『遠野物語 遭遇と鎮魂』河合俊雄・赤坂憲雄編（岩波書店、2014年）がある。

江上賢一郎（えがみ けんいちろう）
1980年生まれ。アート・アクティビズム研究、九州大学非常勤講師。主な論考に『Art of the Nuclear War – Collective Creation and Movements』Creative Space-Art and Spatial Resistance in East Asiaがある。

大村敬一（おおむら けいいち）
1966年生まれ。大阪大学言語文化研究科言語文化専攻准教授。主な著書に『カナダ・イヌイトの民族誌：日常的実践のダイナミクス』（大阪大学出版会、2013年）がある。

小田マサノリ（おだ まさのり）
1966年生まれ。中央大学・東京外国語大学・法政大学ほか非常勤講師。主な論文・対談に「ファー・フロム・ザ・フィールド・オブ・アフリカ」『思想』8月号（岩波書店、2017年）がある。

海部陽介（かいふ ようすけ）
1969年生まれ。国立科学博物館人類研究部人類史研究グループ長。主な著書に『日本人はどこから来たのか？』（文藝春秋、2016年）がある。

唐澤太輔（からさわ たいすけ）
1978年生まれ。龍谷大学世界仏教文化研究センター博士研究員。主な著書『南方熊楠の見た夢——パサージュに立つ者』（勉誠出版、2014年）がある。

川瀬　慈（かわせ いつし）
1977 年生まれ。国立民族学博物館人類基礎理論研究部准教授。主な映像作品に『めばえる歌 －民謡の伝承と創造－』『精霊の馬』『僕らの時代は』『Room 11, Ethiopia Hotel』などがある。

久保明教（くぼ あきのり）
1978 年生まれ。一橋大学大学院社会学研究科准教授。主な著書に『ロボットの人類学──二〇世紀日本の機械と人間』（世界思想社、2015 年）がある。

上妻世海（こうづま せかい）
1989 年生まれ。文筆家・美術家。主な論文に「消費から参加へ、そして制作へ」（エクリ）がある。

小山　亘（こやま わたる）
1965 年生まれ。立教大学異文化コミュニケーション学部教授。主な著書に『コミュニケーション論のまなざし』（三元社、2012 年）がある。

近藤祉秋（こんどう しあき）
1986 年生まれ。北海道大学アイヌ・先住民研究センター助教。主な論文に「ボブ老師はこう言った：内陸アラスカ・ニコライ村におけるキリスト教・信念・生存」『社会人類学年報』43 号（弘文堂、2017 年）がある。

近藤宏（こんどう ひろし）
1982 年生まれ。立命館大学衣笠総合研究機構・専門研究員。主な論文に「動物－論理の発見：隷従・憎悪に抗する思考としての構造人類学」『異貌の同時代──人類・学・の外へ』渡辺公三・冨田敬大・石田智恵編（以文社、2017 年）がある。

清水高志（しみず たかし）
東洋大学総合情報学部准教授。主な著書に『実在への殺到』（水声社、2017年）がある。

竹ノ下祐二（たけのした ゆうじ）
1970年生まれ。中部学院大学看護リハビリテーション学部教授。主な共著に『他者――人類社会の進化』河合香吏編（京都大学出版会、2016年）がある。

出口　顯（でぐち あきら）
1957年生まれ。島根大学名誉教授・放送大学島根学習センター所長。主な著書に『神話論理の思想――レヴィ゠ストロースとその双子たち』（みすず書房、2011年）がある。

床呂郁哉（ところ いくや）
1965年生まれ。東京外国語大学アジア・アフリカ言語文化研究所教授。主な共編著に『ものの人類学』河合香吏編（京都大学学術出版会、2011年）がある。

中川　理（なかがわ おさむ）
1971年生まれ。立教大学異文化コミュニケーション学部准教授。主な論文に「『反‐市場』としての贈与：南フランスの青果市場の事例から」『贈与論再考：人間はなぜ他者に与えるのか』岸上伸啓編（臨川書店、2016年）がある。

中島　智（なかしま さとし）
1963年生まれ。武蔵野美術大学非常勤講師。主な著書に『文化のなかの野性――芸術人類学講義』（現代思潮社、2000年）がある。

分藤大翼（ぶんどう だいすけ）
1972 年生まれ。信州大学全学教育機構准教授。主な共編著に『フィールド映像術』村尾 静二・川瀬慈編（古今書院、2015 年）がある。

松嶋　健（まつしま たけし）
広島大学大学院社会科学研究科准教授。主な著書に『プシコ ナウティカ――イタリア精神医療の人類学』（世界思想社、2014 年）がある。

森　元斎（もり もとなお）
1983 年生まれ。福岡大学等非常勤講師。主な著書に『アナキズム入門』（ちくま新書、2017 年）がある。

結城正美（ゆうき まさみ）
1969 年生まれ。金沢大学人間社会研究域教授。主な共編著に *Ecocriticism in Japan*（Lexington Books, 2017）がある。

吉田真理子（よしだ まりこ）
1985 年生まれ。オーストラリア国立大学クロフォードスクール 環境管理と開発プログラム 博士課程／同大学非常勤講師。主な論文に *Knowing Sea-Level Rise: Interpretive Practices of Uncertainty in Tuvalu*（2013 年度コロンビア大学人類学部最優秀論文賞）がある。

Lexicon　現代人類学

2018 年 2 月 15 日　初版第 1 刷発行
2024 年 2 月 15 日　初版第 2 刷発行

編　者　奥野克巳・石倉敏明

発行者　大　野　真

発行所　以　文　社

〒 101-0051 東京都千代田区神田神保町 2-12
TEL 03-6272-6536　　FAX 03-6272-6538
http://www.ibunsha.co.jp/
印刷・製本：中央精版印刷

ISBN978-4-7531-0344-7　　©K.OKUNO, T.ISHIKURA 2018
Printed in Japan